歴史の授業で教えない

大日本帝国の謎

小神野 真弘

彩図社

はじめに

今から約150年前。19世紀半ばの世界は、現在の世界とは全く違うものだった。

極端にいえば、地球は白人が支配する星だった。彼らは現代文明の基礎となった科学技術の大部分を生み出し、アジアやアフリカの国々を植民地にしながら覇権を拡大させていた。

白人たちは自分たちが地球で一番〝進化〟した存在だと思っていたし、有色人種たちもそう思っていたのである。

そんな世界に一石を投じる出来事が起きたのは1868年。

この年、アジアの片隅でひとつの国家が産声《うぶごえ》をあげた。

その名は「大日本帝国」。かつての日本が名乗っていた国名である。

建国とともに躍進を開始したこの国に、世界中の国々は「なんだこの国は!?」と思ったに違いない。

大日本帝国は、権力者が自ら特権を捨てるという史上類を見ない革命から誕生し、白人国家と同様の近代化を瞬く間に成し遂げ、さらには当時最強クラスの軍事国家だったロシアに戦争で勝利してしまった。

清国（中国）の光緒《こうしょ》皇帝は、大日本帝国についてこんなことを言っている。

「西洋各国が500年で成しえたことを日本は20年あまりでなし終えた」

世界史上において大日本帝国の一挙一動は、なにからなにまで異例だったのだ。

本書では、そんな〝超特殊国家〟大日本帝国を考えるうえで頭をよぎる疑問を、33の項目から解き明かしていく。

〝世界の田舎〟だったアジアの新参者が、なぜ西洋諸国と肩を並べられたのか？

国民はどんなものを食べ、何に悩み、どんな恋愛をして、どんな娯楽に心奪われたのか？

麻薬販売や売春が公認され、ヤクザの国会議員が存在した、意外な社会の実相とは？

世界最強の戦闘機を実現し、原爆開発すら着手していた驚異の科学力の裏側とは？

そして、なぜ世界を相手に戦争し、歴史からその姿を消したのか……？

本書は1868年の明治元年をスタート地点として、1945年の敗戦までの約80年間を大日本帝国の歴史として取り上げる。33の項目はその濃密な歴史の一端を取り上げたに過ぎないが、大日本帝国の驚くべき逸話を可能な限り凝縮した。

現在の日本とどこか似ていて、全く違う国。その類まれなる面白さをぜひ垣間見てほしい。

小神野　真弘

歴史の授業で教えない　大日本帝国の謎　目次

第1章
戦争をめぐる大日本帝国の謎

真珠湾で日本軍の攻撃を受け沈没する米戦艦アリゾナ

topic.1
【日露戦争】

日本はなぜ、世界最強の陸軍国ロシアに勝利することができたのか？

あまりにも絶望的な戦い

「無数の奇跡の積み重ね」とも形容される大日本帝国の歴史。なかでも**最大級の奇跡**といえるのは１９０５年の**日露戦争の勝利**に違いない。

当時のロシアは世界最強の陸軍国で、海軍もイギリスに次ぐといわれるほど強力だった。日露の戦力差は絶望的なほど開きがあり、開戦当時のロシア陸軍の常備軍は１１３万人なのに対し、日本陸軍の常備軍は20万人しかいない。

そこでひとつの疑問が生まれる。なぜ日本はこれほど絶望的な戦争をする必要があったのか。

発端は、朝鮮半島を巡る安全保障問題だった。

当時は西洋諸国が植民地を拡大する弱肉強食の時代。日本のような新興国や発展途上国は、常にその侵略の脅威にさらされていた。

そしてこの時期、ロシアは著しい速度で朝鮮半島を支配下に収めようとしていた。実はこれは日本にとって非常にまずい事態だ。

朝鮮半島はユーラシア大陸から、まるで桟橋のように日本に向けて突き出している。ここがロシアの植民地になれば、ロシアは大規模な艦隊を容易に日本に送り込めるようになる。

すなわち、ロシアの体勢が整う前に朝鮮半島の安全を確保しなければ、日本が侵略されるのは秒読みの状態だった。たとえ**勝算がなくとも、戦わざるを得なかった**のである。

手を差し伸べた世界最強の国

敗北必至の戦争を前に、日本がとった行動は非常にシンプルだった。驚くべきことに日露戦争前の10年間、**日本は軍備拡張に国家予算の約半分を注ぎ続けた**のである。

とはいえ、それだけではロシアには対抗できない。ロシアの傍らには三国干渉の際にタッグを組んだフランスとドイツがいたからだ。

いざ戦争となれば、これらの国も敵に回す可能性があった。これをなんとかしなければ、日露戦争のスタートラインにも立てないのである。

そんなとき、日本に思いもよらない味方が現れた。当時世界最強の国、イギリスである。

1902年の**日英同盟の成立こそ、日本が日露戦争に踏み切った最大の理由**といわれるが、この同盟には世界中が仰天した。

イギリスは「栄光ある孤立」をスローガンに掲げ、どの国とも同盟を結んでいなかった。**そんなイギリスが東洋の小国と同盟を結んだ**のだから、その驚きも当然である。

アジアに多くの権益をもっていたイギリスは、実はその防衛に頭を悩ませていた。日英同盟の締結は、日本を自国の権益の〝ガードマン〟に抜擢《ばってき》する意味合いもあったのだ。

日英同盟は同盟といっても、武器や戦費が提供されるわけではなかった。けれど、日英どちらかが戦争した時に、その敵国に味方する国が現れた際は、参戦するという取り決めがあった。

これによって独仏が敵に回る可能性が消え、**ロシアと一対一で戦える状態が整った**のである。

時間との戦い

もうひとつ、日本に都合がよいことがあった。

それは、この戦争が日本にとっては総力戦だったが、**ロシアにとっては極東地域の一戦争に過ぎなかった**ということである。

ロシアは大国ゆえ、多くの国と国境が接しており、各地に兵力を分散しておく必要があった。

日露戦争の勝敗を左右した日本海海戦に向かう日本海軍の艦隊。

全体で見れば比較にならないほどの戦力差があったが、日露戦争だけを見れば**開戦当初の兵力は日本の方が多かった**のだ。

だからこそ、日本にとって日露戦争は時間との戦いだった。戦争が長引けば、ロシアの戦力が次々と集まってくる。その前に大きな戦果を挙げ、講和に持ち込むほかなかった。

1904年8月から05年1月にかけての旅順《りょじゅん》要《よう》塞《さい》攻囲戦と、05年5月の日本海海戦は、日露戦争のカギを握る戦闘だったといわれる。

旅順は遼東半島の先端にある軍港都市で、ロシア海軍の太平洋艦隊が停泊しており、それを守るための旅順要塞が睨《にら》みをきかせていた。

日本陸軍はこの要塞に猛攻を仕掛けた。

旅順要塞は700門の砲台や最新鋭の機関銃で固められた難所中の難所。結果として、日本軍は6万人もの死傷者を出してしまう。

旅順攻囲戦において最大の激戦地となった203高地。

だが、**どれほどの被害を出しても、陸軍は速やかにこの要塞を攻め落とす必要があった**のだ。

この頃、ロシアのバルチック艦隊の主力が旅順に向けて移動していた。

これが旅順港の太平洋艦隊と合流すれば、ロシアの艦隊は日本の倍以上に膨れ上がる。それは敗戦を意味していた。その前に太平洋艦隊を壊滅させる必要があったが、そのためにはまず、旅順要塞を落とさなければならなかった。

そして多大な犠牲を払いながらも陸軍は要塞を陥落させ、要塞の砲台を使って太平洋艦隊を破壊する。日本海軍はこの陸軍のバックアップによって、バルチック艦隊単体を万全の体勢で迎え撃つことができたのだ。

さらに、**ここで日英同盟が活きる**。バルチック艦隊は長い航海の間、イギリス支配下の港から補給を拒否され、ボロボロの状態だった。

日露戦争の講和条約であるポーツマス条約の調印が行われたポーツマス会議の様子。この条約で日本は遼東半島や南満州の利権を手中に収めた。

かくして日本海軍は圧勝を収めたのである。

このふたつの戦闘は戦争史の革命的な出来事だった。**当時の常識では陸軍と海軍が連携して戦うなど考えられなかった**のだ。

日本軍の海軍と陸軍といえば、物資や予算獲得を巡っていがみ合っていたことが有名だが、この時代には手を組むこともあったのである。

日露戦争の終結はつい最近？

ともあれ、ロシアは日本海海戦の結果を目の当たりにすると講和を検討し始めた。そして1905年9月、ポーツマス条約によって日本の勝利が決まったのである。日本側の戦没者は約9万人。まさしく辛勝といえる結果だった。

余談だが、ポーツマス条約によって日露の講和が決まったものの、**日露戦争はつい最近まで続い**

ていたことをご存知だろうか。

実は1905年にモンテネグロ公国がロシア側に立って日本に宣戦布告していた。だが宣戦布告は無視されたため、講和条約の調印に招かれなかった。つまり、法律上は戦争が続いたままだったのだ。

2006年、日本はモンテネグロに戦争終結の文書を送り、**日露戦争は100年以上の年月を経て、完全に終結した**のだった。

笑い話のようだが、よく考えると非常に危険なことだった。

というのも日英同盟では、ロシアに味方が現れたときはイギリスも参戦することになっていた。もしもモンテネグロの宣戦布告が受諾されていたら、イギリスの参戦とともにドイツ、フランスなどが参戦することも考えられる。

もしかしたら**日露戦争が最初の世界大戦になっていた可能性**もあるのである。

topic.2
【満州国】

日本がつくった〝人工国家〟満州とはなんだったのか？

暗躍する関東軍

1931年、満州（現在の中国東北部）の都市、奉天《ほうてん》の柳条湖《りゅうじょうこ》に衝撃が走った。日本が運営していた南満州鉄道の線路を何者かが爆破。現地に駐留していた関東軍（日本陸軍の一組織）は、満州に拠点を置く中国の軍閥《ぐんばつ》・東北軍の犯行と断定し、即座に反撃を開始。そして、翌日には奉天を占領してしまう。

満州事変の発端となる、柳条湖事件である。

このあまりにも手際の良い軍事行動には裏があった。実は、線路を爆破したのは関東軍自身。つまり、**自作自演**だったのだ。

日露戦争の勝利以降、日本は遼東半島、朝鮮、台湾などを次々と手中に収め、次なる植民地を求めていた。その白羽の矢がたったのが満州であり、**関東軍は満州制圧の実行部隊**だった。

満州事変の発端となった柳条湖事件の現場。右下には関東軍によって射殺された中国軍兵士の遺体が写っている。

関東軍の侵攻は迅速を極め、柳条湖事件から5カ月で、満州はその支配下となった。

そして、清朝最後の皇帝・溥儀《ふぎ》をトップに据え、翌年3月1日、新国家「満州国」が誕生したのである。

国際的な孤立を深めた日本

満州国は独立国家という体裁をとっていても、実質的には日本の植民地だった。

政策決定、軍事、交通などの国の運営は日本人が掌握し、初代総理大臣の鄭孝胥《ていこうしょ》は、在任期間中、**閣議で一回も発言しなかった**という。

かくして、新たな植民地獲得という野望を果たした日本だったが、事態は思いもよらぬ方向へ転んでいく。

満州地域を奪われた中華民国の訴えを受け、国

1933年に刊行された満州の地図。（画像提供：国立国会図書館『最新世界現勢地図帖』）

際連盟からリットン調査団が派遣されたのだ。

調査団の結論は、関東軍の行動は侵略であり、満州国建国は非合法というものだった。

日本は正当性を訴えたが、国際連盟の決議は賛成42票、反対1票（日本）という大差で、**満州国は世界から否定された**のである。

この決定には満州地域における日本の利権を保証する妥協案も含まれていたのだが、決議に参加していた全権大使・松岡洋右《まつおかようすけ》は納得せず、その場で国連脱退を表明してしまう。

満州国の支配は死守したものの、これによって日本の国際的な孤立は決定的になり、**太平洋戦争への道を歩み始める**ことになる。

満州事変が戦前日本の最大の転換点といわれているのはこうした背景があるためなのだ。

なぜ満州国に固執したのか

たったひとつの植民地のために、世界を敵に回すなど本末転倒なようにも思える。なぜ日本はこれほど満州国に固執したのだろう。

南満州鉄道の利権や、ロシアが侵略してきた際の〝防波堤〟としての役割など、満州は日本にとって重要な意味をもっていたが、もうひとつ無視できないのが当時の日本の国内事情だ。

明治以降、日本の人口は急増し、昭和初期の段階で6000万人以上。今の約半分だが、当時の社会基盤では養いきれないほどの数だった。

そこへ追い打ちをかけたのが1929年の世界恐慌である。結果、農村などでは一家心中が多発する、深刻な不況が蔓延した。

その解決策こそが満州国への移民だった。

日本の3、4倍の面積を誇るその国土には、農作物の栽培に適した肥沃な土地が広がり、労働力はいくらあっても足りなかった。

そして満州国の建国から終戦までに、農家の次男などの食い扶持《ぶち》のない若者を中心にして、約27万人が大陸へ渡ることになる。

人口問題と不況の打開策として、満州国は決して手放せない切り札だったのである。

満州国の実態とは？

満州国は最盛期には約４４００万人もの人口を誇り、大部分は漢族、さらに満州族、朝鮮人、日本人などからなる多民族国家だった。

全体的に開発が遅れていたアジアにあって、その都市部は実に先進的。道路は舗装され、それに面して高層建築のホテルやデパートが軒を連ね、満州最大の歓楽街だったハルビンは、「東方のモスクワ」と呼ばれたという。

けれど、そうした光景はあくまで一部のこと。たとえば、日本人移民も含む多くの開拓民や農民たちの生活の中心になったのは、**冬にはマイナス30度にもなる原野**だった。

こうした開拓地は生活のインフラも整っていなかったため、飲料水の確保も難しく、伝染病や栄養失調が問題になり、**満州での乳児死亡率は日本の約2倍**にものぼった。

さらなる脅威は匪賊《ひぞく》の存在である。

彼らは銃器や青竜刀で武装した、いわば山賊集団で、強盗や誘拐、抗日目的のテロ活動などに手を染めた。建国当初の開拓民は**平均で年4回**も襲撃にあっており、死活問題になっていたのである。

満州国内のケシ畑の様子。ケシの果実から採取した乳白色の樹脂に、乾燥などの処理を施すことで阿片がつくられる。

満州国は日本の生命線に違いなかったが、現地の多くの人々には過酷な土地だったのだ。

満州経済を潤した阿片

やがて日本が敗戦すると、満州国も同時に廃止された。

たった13年で地上から消滅したこの国家の歴史を振り返るうえで、避けて通れない問題がある。それは麻薬の**阿片《あへん》との関わり**である。

満州国周辺は、阿片の原材料であるケシの世界的な産地であり、満州国の行政・経済を支配していた関東軍は、**阿片ビジネスによって、自軍の軍資金や国家の資金を荒稼ぎしていた**のだ。

販売ルートはいくつかあるが、代表的なものは、満州国政府専売局が現地のケシ栽培組織から原材料を入手し、阿片に加工したのち、満州国内で法外な値段で販売するというもの。

さらに、上海や香港を経由して中国内陸部で販売するルートもあったという。

阿片の利益は膨大で、ある資料によると建国8年目の利益はその年の**満州の国家予算の約6分の1**に相当する、1億2000万円（現在の約2000億円）にもなったとされる。

もちろん阿片の取引は国際条約違反だが、満州国ではもともと現地人に阿片中毒者が多かったことを理由に、「漸禁主義」がとられた。

これは急に阿片を禁止すると中毒者たちが苦しむため、阿片の売買は国が管理し、徐々に禁止していくという方針。

聞こえはいいが、つまるところ、国が阿片ビジネスを独占するための体のいい方便だった。

まさに国家ぐるみの犯罪が行われていたわけだが、終戦後の東京裁判において**阿片関係で起訴された者はひとりもいなかった**。

連合国だったイギリスなども、中国に阿片をばらまいて莫大な利益を上げていた過去があったため、裁判の場で阿片の問題に注目が集まることを避けるためだったとの説がある。

topic.3
【日清戦争】

日清戦争は自衛のための戦争だった？

日本はなぜ清と戦ったのか？

日清戦争は明治維新後の**日本が初めて経験した本格的な外国との戦争**だった。

開戦は１８９４年７月。朝鮮半島を舞台に日本軍約24万と清軍約63万が衝突し、日本が圧勝を収めた。

この戦争は、勢いをつけてきた日本と衰退する清による、アジアの盟主の座を巡った覇権争いだったといわれる。

さらに、この戦争で日本は清の保護下にあった朝鮮への影響力を強めたため、朝鮮の権益を奪うことが目的だったといわれることもある。

しかし、そもそもの目的は、清を打ち負かすことでも、朝鮮を奪うことでもなかった。アジア進出を目論んでいた欧米列強、とくに**ロシアの脅威を食い止めること**だったのである。

日清戦争直前のアジア情勢を皮肉った風刺画。魚は朝鮮半島を表し、それを釣ろうとする日本と清(中国)、二者の様子を窺うロシアが描かれる。

日本の命運を握る朝鮮半島

先述の通り、明治時代の日本が最も恐れていたことは、**欧米列強が朝鮮半島を支配下に収めること**だった。

朝鮮半島の立地上、この土地の安全が維持されていることは日本の安全保障において極めて重要なことだったのである。

悪いことに、朝鮮は近代化が遅れており、列強が介入すれば簡単に植民地にされてしまうことは明らかだった。

そこで日本は、朝鮮を開国させ、近代化させようとする。かつて日本がそうしたように**朝鮮も国力をつければ、簡単には列強も手出しができなくなると考えた**のである。

1876年に「(朝鮮は) 自主独立の国であり、

日本と平等の権利を有する」とする日朝修好条規を結び、さらに福沢諭吉《ふくざわゆきち》などが、朝鮮国内の開国派に支援を開始した。

この流れを受けて1884年、朝鮮の開国派の政治家・金玉均《きんぎょくきん》らがクーデターを起こす。日本が待ち望んだ展開だった。

しかし、朝鮮の宗主国を自認する清が、これを許すはずがなかった。清は1500人の軍を送り込み、クーデターを鎮圧。さらに金玉均らが逃げ込んだ日本公使館まで焼き払い、多数の日本人を惨殺してしまうのである。

これ以降、日本と清は対立を深め、もはや開戦は避けられないほど関係が悪化する。そして、1894年7月の開戦に至ったのである。

「眠れる獅子」の実力は？

冒頭で述べたように、日本は圧倒的な勝利を収めたのだが、これは当時の日本人にとっても意外なことだった。

当時の清は、通称「眠れる獅子」。アヘン戦争などで衰退していたものの、**日本と清の国力は子どもと大人ほどの差があると思われていた。**

常備軍の数は約150万人。清が誇る北洋艦隊の主力戦艦「定遠《ていえん》」「鎮遠《ちんえん》」は、当時世界最

日本軍と清軍の初の本格的な陸戦となった「平壌の戦い」を描いた錦絵。（水野年方画）

大級の30・5センチ砲を4門そなえており、その戦力は世界最強クラスともいわれていた。

事実、日本は勝てる確証をもてず、開戦前に立案された作戦構想には、清に制海権を奪われることまで想定し、**日本本土での防衛作戦も用意されていた**のである。

ところが、いざ戦争が始まってみれば、緒戦《しょせん》である豊島沖海戦で清の巡洋艦を撃沈。

その4日後の朝鮮半島の牙山《あさん》で行われた最初の陸戦・成歓《せいかん》の戦いでは、日本軍4500が清軍3000をあっさりと打ち破る。

以後、**日本はほぼ連戦連勝**を重ね、わずか3カ月あまりで朝鮮半島全土の清軍を撃退してしまう。その進撃の速度はあまりに速く、弾薬や食料などの補給が追いつかないほどだった。

これには小国である日本が、本気で戦争を仕掛けてくるとは思っていなかったという清の油断もあるが、そもそも根本的な問題があった。

勝因は「近代化」にあり

一言でいえば、清は「古い国」だったのだ。

軍は実質的には私兵の集まりで、訓練を受けた近代的な兵力は3~4万人程度。さらに国土が広大なため、どうしても兵力は分散してしまう。

対する日本は24万人もの兵力を送り込んだのだから、**勝って当然の戦い**だった。

また、清の国家中枢は腐敗にまみれ、軍事費の不正流用が多発しており、軍備を整えるための財政上の基盤も万全ではなかった。

自慢の戦艦も、人件費カットの名目で技術指導の外国人提督や乗務員を解雇していて、十分に活用できなかったのだ。

まさに**近代化した日本と、旧体制のままだった清の違いが如実《にょじつ》に現れた**のである。

この戦勝によって朝鮮の独立が承認され、日本は遼東《りょうとう》半島、台湾などを取得、さらに賠償金2億両《テール》（当時の価値で約3億5000万円）を得た。

しかしながら、これで一件落着とはならなかった。ここでロシアが動き始めるのである。

手始めにロシアはドイツ、フランスとともに日本に遼東半島の返却を要求。世に言う**三国**

干渉であり、三国の圧倒的な国力を前に日本はこれを受け入れざるを得なかった。
さらにこうした日本の弱腰の姿勢を見て、朝鮮内には親ロシア派が台頭し、ロシアは朝鮮における影響力を急速に強めていったのだ。
日本からすれば**何のために日清戦争をしたのかわからない**ような事態である。そして、この遺恨がのちの**日露戦争につながっていった**のだ。

尖閣問題の発端は日清戦争？

ところで、２０１０年代前半に注目を集めた尖閣《せんかく》諸島問題は、中国側の主張によれば日清戦争が発端であるという。

日本は日清戦争最末期の１８９５年1月に尖閣諸島を日本領に組み入れた。これが**戦勝のどさくさにまぎれた略奪**だというのだ。

確かに戦争とはいえ、講和条約にない土地を奪い取るのは国際法違反である。だが、そもそも尖閣諸島は日清戦争当時、どの国にも属していない「無主の地」だった。

事実、当時の日本政府は世界情勢を考慮し、１８８５年から95年まで調査を行い、それを確かめた上で編入している。

さらに１９２０年に中国から送られた書状には「日本帝国沖縄県八重山郡尖閣列島」と書

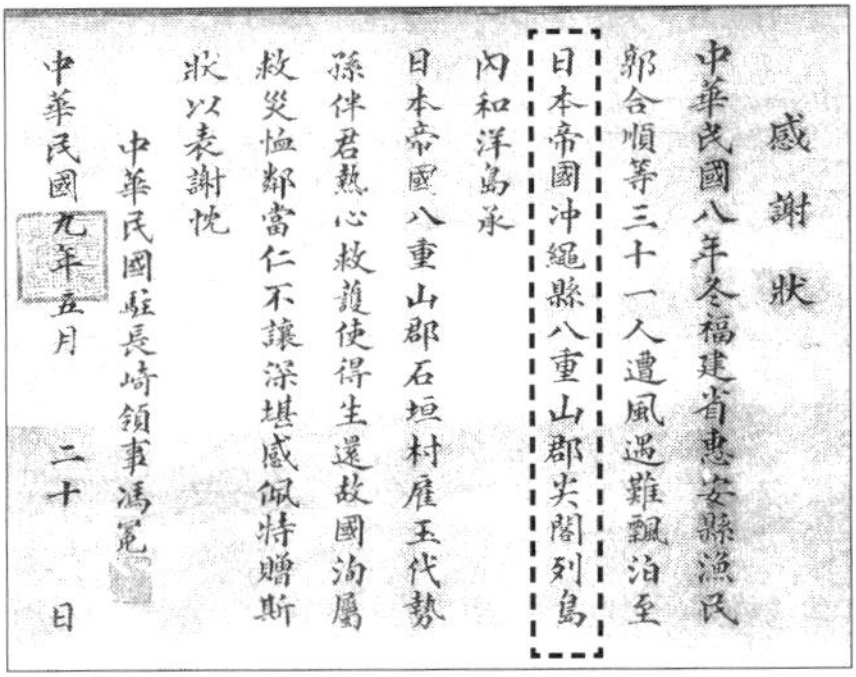
感謝狀
中華民國八年冬福建省恵安縣漁民
郭合順等三十一人遭風遇難飄泊至
日本帝國沖繩縣八重山郡尖閣列島
内和洋島承
日本帝國八重山郡石垣村雇玉代勢
孫伴君熱心救護使得生還故國洵屬
救災恤鄰當仁不讓深堪感佩特贈斯
狀以表謝忱
中華民國駐長崎領事馮冕
中華民國九年五月二十日

海上で遭難した中国の漁民31名が尖閣諸島で救助された際、中国から日本に贈られた感謝状。右から4行目に「日本帝国沖縄県八重山郡尖閣列島」とある。

かれており、中国も尖閣諸島は日本領であると認識していたのである。

中国が正式に尖閣諸島の領有権を主張しはじめたのは1971年。これは国連の調査で、尖閣諸島周辺にイラクに匹敵する**石油が眠っている可能性が示唆《しさ》された直後**のことだった。

日清戦争で尖閣諸島を略奪したというのは、根も葉もない言いがかりなのである。

topic.4
【第一次世界大戦】

「第一次世界大戦」が日本の運命を決めた？

史上初の地球規模の大戦争

大日本帝国が行ったた戦争といったとき、真っ先に思い浮かぶのは、日清・日露戦争での勝利や、その歴史のピリオドとなった太平洋戦争での敗北ではないだろうか。

一方で、それらの戦争の間で勃発した第一次世界大戦は、今の日本人にとって印象が薄い。この戦争がヨーロッパ列強の対立から発生したもので、日本にとっては対岸の火事のようなものだったからだろう。

とはいえ、第一次世界大戦は、**「あらゆる戦争を終わらせるための戦争」**と形容されるほどの、人類が初めて経験する大戦争だった。

ヨーロッパを中心に中東、アフリカ、アジア、太平洋地域など、世界各地で戦闘が行われ、戦争の期間は４年４カ月にも及んだ。

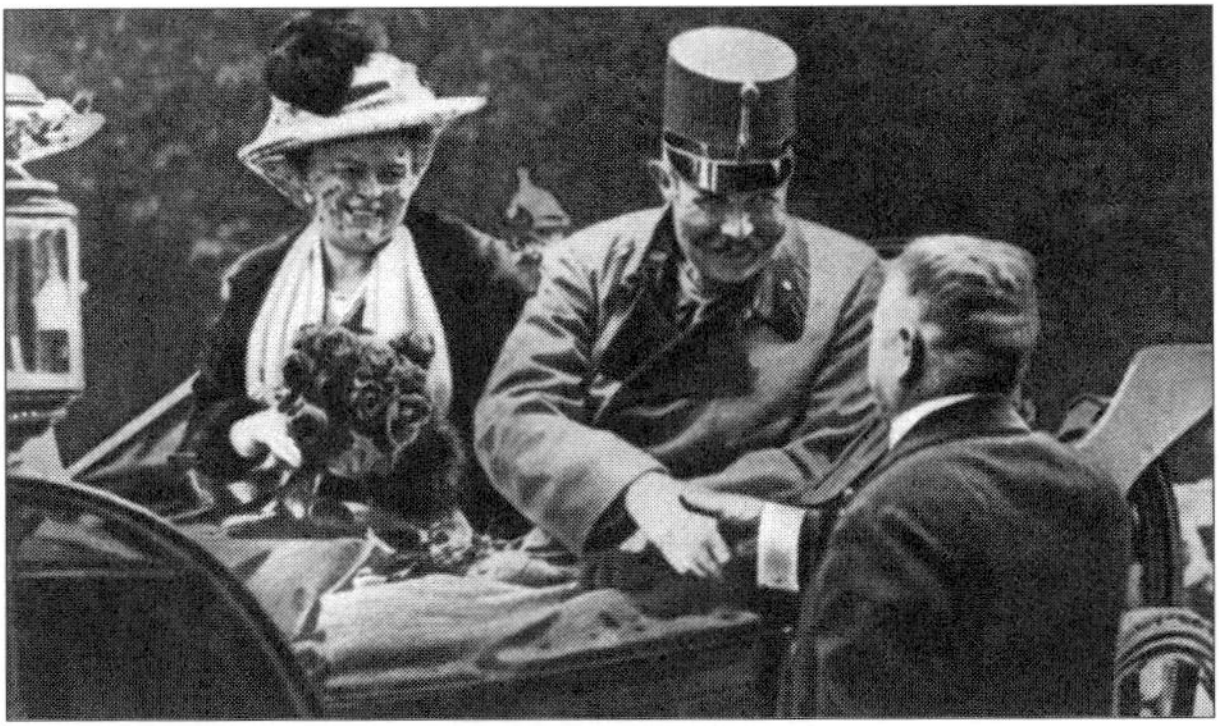

オーストリア＝ハンガリー帝国の皇帝・国王の継承者フランツ・フェルディナントとその妻。彼らが暗殺されたことが第一次世界大戦の発端となった。

全世界で動員された兵士の数も桁外れだ。その数、6500万人余り。日露戦争の兵力は日本とロシア双方を合わせても80万人に過ぎない。

この戦争ではドイツ、オーストリア、ブルガリアなどによる同盟国と、イギリス、フランス、ロシアを中心とした連合国が衝突した。

日本は連合国側として参戦したが、戦争全体の戦死傷者が約3000万人であるのに対し、日本の戦死傷者は約1250人と非常に軽微。

このことからも、この戦争が日本にとってあまり重要ではなかったと思われることが多い。

しかし、**第一次世界大戦は日本にとって大きな転機**であり、同時に現在にまで引き続く中国からの反日感情をも生んでいたのだ。

日本は火事場泥棒だった？

イギリスと日英同盟を結んでいた日本は、この同盟を理由に、イギリスの敵国だったドイツが権益を持っていた中国の租借地に侵攻した。

ドイツを倒すという大義名分があったものの、実質的には日本軍が行っているのは**中国への侵攻**。第一次世界大戦は日本が中国大陸の権益を拡大する足がかりになったのだ。

そして日本は、ドイツがもっていた山東省の租借権などを日本に譲り渡す旨を盛りこんだ「21カ条の要求」を中国政府に突きつける。

この「21カ条の要求」は、戦争終了後に各国の合意で締結される条約などと違い、**日本が勝手に作成し要求したもの**だった。

日本軍を自力で排除する力がなかった中国政府はやむを得ずこれを受け入れたが、当然中国国民に強烈な反日感情を呼び起こした。

21カ条の要求を受け入れた5月9日は**「国恥記念日」**とされ、現在でも中国の抗日運動の象徴になっている。

結局、第一次世界大戦そのものもイギリスなどの連合国側が勝利したことで、日本は連合国五大国の一員として国際連盟の常任理事国の地位も手に入れた。

まさに日本は、おいしいところを持っていったともいえるのだ。

「成金」になった大日本帝国

第一次世界大戦で日本にもたらされた恩恵は、実はそれだけではない。ヨーロッパ各国が戦争の主役として忙しく立ち回っている間に、日本は**世界貿易の主役**になっていたのだ。

ヨーロッパ各国は戦争で手一杯のため、輸出産業を維持する余裕がなく、さまざまな物資の生産がストップしていた。

そこで生糸や繊維製品の注文が**アジア各国などから日本に集中**したのである。戦争中の国からは軍需物資も大量に注文され、日本は輸出増大によって一気に好景気に突入した。

この機に乗じて取引を拡大させた商人が日本各地に続々誕生する。いわゆる**「成金」**である。

新興産業も次々に登場。それまで日本では製造されなかった染料などの化学工業や、精密機械工業も発展していく。

大戦景気は、**輸入超過だった日本を一気に輸出超過の国**にしていった。

しかしながら、急激な好景気は良い面だけではなかった。インフレ、つまり物価の値上が

1928年頃に描かれた「成金栄華時代」という絵画。
第一次世界大戦による好景気で登場した成金の傲慢さを風刺した作品で、暗い玄関で100円札を燃やし、その灯りで女中に靴を探させる成金を描いている。
庶民のこうした成金に対する悪印象は、後の打ち壊しにつながっていく。

りを生んでしまったのだ。

特に米商人が投機目的で米を買い占めるなどしたために、米の値段は必要以上に上昇して**庶民を圧迫**した。

この状況に憤慨した富山県の主婦たちが米の県外流出を阻止するために米屋に押しかけ、警察と衝突する騒ぎとなる。

これが発端になって全国に広がっていったのが「米騒動」である。

戦争好況や異常に膨れ上がった米相場などは、言ってみればある種のバブル景気によるものだった。バブルは必ず崩壊する。一時的な好景気の先には、**深刻な不景気が待ち受けていた**。

社会を直撃した震災と恐慌

戦争によってもたらされた景気は、戦争が終わ

関東大震災によって特に大きな被害を受けた横浜の町並み。朝鮮人関連以外にも、「関東全域が水没した」など深刻なデマが飛び交った。

れば萎んでしまう。

第一次世界大戦終結の翌年、1919年には早くも、日本の貿易は**輸出超過からあっさり輸入超過に転じた**。戦争を終え、生産が増加したヨーロッパ各国の商品が、市場に再登場してきたためだ。

戦時の輸出量を見込んで生産を続けていた日本国内の会社は次々に倒産してしまう。

この状況に追い打ちをかけたのが、1923年の**関東大震災**である。

日本の中心を襲った大地震によって、10万人以上の死亡・行方不明者がでた。

被災地は混乱を極め、在日朝鮮人が放火などを行うといったデマが流され、朝鮮人が多数虐殺される事件も発生した。

だが、問題になったのは人的被害だけではなかった。

被害が大きかった東京や横浜などの企業が発行

していた**手形が決済不能**に陥ったのだ。日本銀行の特別融資で一時をしのぐものの、その後の処理に関連して、金融恐慌が発生。

さらにニューヨークの株価暴落に始まる世界恐慌にも巻き込まれ、日本は1930年から空前の大不況期「昭和恐慌」に突入してしまう。

1930年の失業者は全国で250万人余りと推定されており、このような未曽有《みぞう》の不況を指して「ルンペン時代」と称された。

2018年12月の失業者数は167万人。当時の人口は現在の半分以下であることを考慮すれば、昭和恐慌が空前絶後の規模だったことがわかる。

こうして生じた**貧困問題や格差社会は、国民の不満となり、日本を軍国主義へと駆り立てていく。**

第一次世界大戦を発端とする好景気と大不況は、日本が太平洋戦争に突入する原因のひとつだったともいえるのである。

topic.5
【日独伊三国同盟】

ドイツとの同盟がもたらしたものとは？

ドイツと急接近した日本

「ドイツに行った日本人が、ドイツ人から『次はイタリア抜きでやろう』と言われた」というジョークがある。

日本とドイツ、イタリアは第二次世界大戦当時に同盟を結んでおり、この同盟でイタリアが日独の足を引っ張ったことを皮肉ったものだ。

イタリアの行動はさておき、日本とドイツが軍事同盟を結んでいたという歴史は、考えてみると不思議な話だ。

というのも、**ドイツは第一次世界大戦で日本とは敵同士**であり、日本に植民地を奪われている。この同盟はどんな経緯で結ばれたのだろう。

日本とドイツが急接近する発端は１９３３年の日本の国際連盟脱退だった。

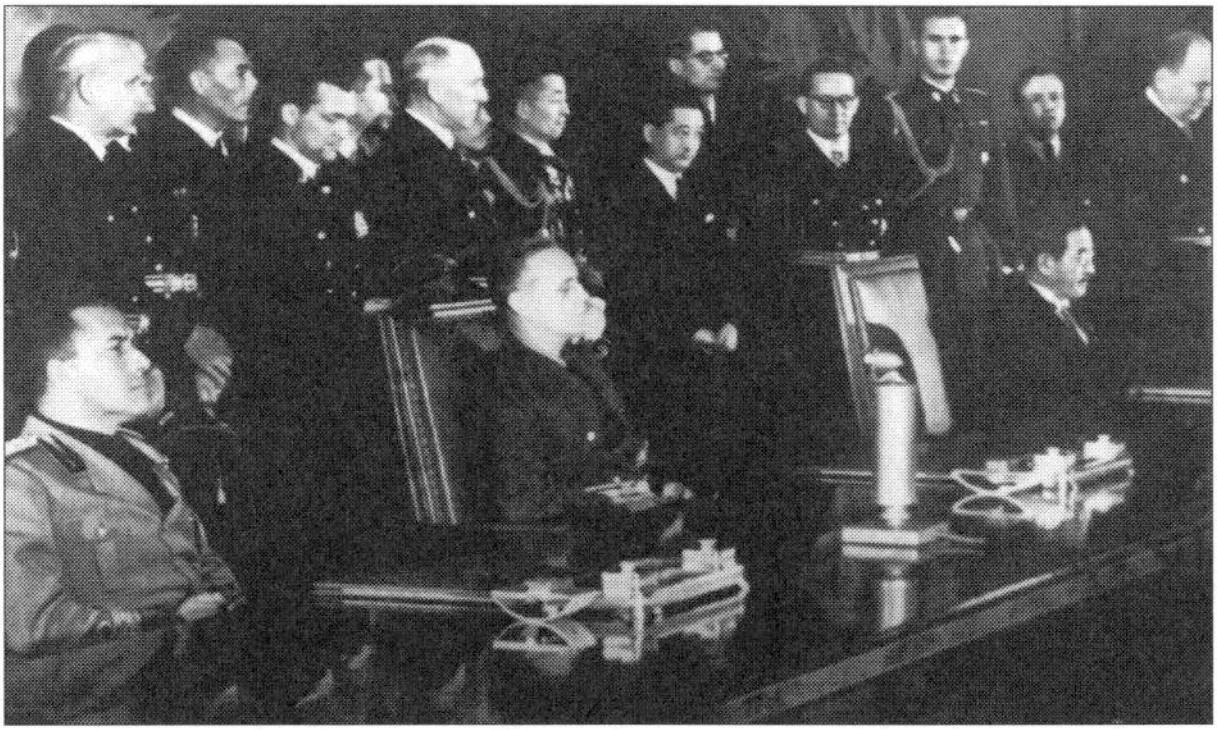

三国同盟の調印式。左からチアノ外相（伊）、トリッベントロップ外相（独）、来栖駐ドイツ特命全権大使。（写真引用元：『講談社日録20世紀1940』）

日本が国際的な孤立を深めていくなか、陸軍からドイツと手を結ぶべきという意見があがる。

ドイツも連盟から脱退して孤立していたうえ、日本が脅威を感じていたソ連はドイツの仮想敵でもあり、利害が一致していたのだ。

だが、交渉は一筋縄ではいかなかった。ドイツでは中国と手を組むべきという考え方が主流で、満州国建国で中国との関係を悪化させていた日本を敵視する意見すらあった。

ところが、ある人物の鶴の一声で、**ドイツは急に親日路線に転向**した。その声の主はナチス・ドイツ総統アドルフ・ヒトラーである。

複雑怪奇なドイツの行動

ヒトラーの目論見は何だったのかといえば、ひとつはソ連への対策。もうひとつは日本をアジアでの〝**牽制役**《けんせい》〟にすることだった。

ヒトラーはヨーロッパの制覇を企んでいた。

日独が軍事同盟を結べば、ドイツが欧州各国と戦争する際は、日本も参戦することになる。

そうなればイギリスやフランスなどはアジアの植民地の防衛に力を注ぐ必要が生まれるため、戦力が分散すると考えたのである。

こうして1936年11月、日本とドイツは手始めに「日独防共協定」を結ぶ。「防共」の「共」とは共産主義のことで、ソ連に対する相互防衛協定だった。

さらに翌年7月以降、同じく国際的に孤立していたイタリアが日独に接近し、協定は「日独伊防共協定」へと姿を変える。日独伊三国同盟の実現は秒読みというところまで進展した。

だが、ここから状況は目まぐるしく変化する。

ドイツは1939年、**敵だったはずのソ連と「独ソ不可侵条約」を結び、和解してしまう**。

さらには共同でポーランドに侵攻し、第二次世界大戦を開始したのである。

日本を無視した暴挙に、当時の首相・平沼《ひらぬま》騏《き》一郎《いちろう》は呆れ果てて「欧州情勢は複雑怪奇」と言い残して総辞職。**同盟は立ち消えになってしまう**。

一方、ドイツはその後、デンマークやオランダなど欧州各国を次々と占領。

さらにはフランスをたったの1カ月で占領するという神がかり的な強さを見せ、それを目の当たりにした日本では同盟の話が再燃し始めた。

パリを占領したドイツ軍が凱旋門を通り抜ける。

当時の日本は長引く日中戦争に行き詰まっており、アメリカとの緊張も高まっていた。これほど強い**ドイツが味方になればこの苦境も打開できるはず**。そんな思いを込めて、1940年9月、日独伊三国同盟は締結されたのだ。

良いことなしだった三国同盟

日本にとって、三国同盟は大きな希望だった。ドイツの後ろ盾があれば、イギリスやフランスのアジアの植民地を奪うことができ、**日中戦争を有利**にできる公算が高い。

アメリカも簡単には手出しできなくなり、交渉次第では日米関係も改善できるかもしれない。

さらには、ソ連はドイツと関係良好であり、日独伊三国にソ連を加えた四国同盟を結べる可能性すらでてきた。

事実、三国同盟締結を担った外務大臣・松岡洋右は、ドイツ特使ハインリヒ・スターマーから「ドイツは日ソの仲介人になる」と説得されたため、同盟締結に奮闘したのである。

しかし、かつて独ソ不可侵条約で裏切られたことからわかるように、**ドイツは信用してはいけない相手**だった。

1941年、突然ドイツがソ連に宣戦布告して、戦争を始めてしまうのである。

ヒトラーはもともとソ連を倒し、その領土も含めた大ドイツ帝国をつくりだすという構想を描いていた。

ドイツ国内では、ソ連と戦うか否かで意見が対立していたという説もあるが、どちらにしても日本がドイツの腹の中を読みきれなかったのは事実である。

独ソ開戦によってソ連が米英陣営についただけでなく、ドイツの戦力が分散したことで、陥落寸前だったイギリスも息を吹き返してしまう。

日本の誤算はそれだけではなかった。

アメリカのフランクリン・ルーズベルト大統領は三国同盟に対して「全人類を支配し奴隷化するための権力とカネにまみれた邪悪な同盟」と**大激怒**したのだ。

日米関係を改善するどころか、三国同盟は**アメリカが第二次世界大戦への参戦を決意する原因のひとつになった**のである。

すなわち、ドイツと手を組んだことで、日本はさらなる窮地に陥ってしまったのだ。

ヒトラー（右）との会談にのぞむ松岡洋右外務大臣（左）。

日本を蔑んでいたヒトラー

ともあれ、こうなった以上、はみ出し者同士で手を取り合っていくしかない。だが、日本とドイツの関係が良好だったかといえば、そうでもない。**ヒトラーは日本を蔑《さげず》んですらいた。**

いざ太平洋戦争が始まると、真珠湾攻撃の成功をはじめ、緒戦は日本の快進撃が続いた。

同盟国としては喜ぶべきことだが、1942年2月に日本軍がイギリス軍のシンガポール要塞を陥落させたという知らせを聞いたヒトラーは、こんなことを言っている。

「喜ぶと同時に、悲しむべきことだ」

つまり、白人至上主義を掲げるヒトラーにとって、**白人国家であるイギリスが黄色人種の日本に負けることは我慢ならない**ことだったのだ。

彼の日本への嫌悪は並々ならないものだった。

マスコミから「(日本と同盟を組むことは)白色人種の結束を破壊しているのではないか」と批判された際は、「肝心なのは勝つことであり、そのためには悪魔と手を組むこともある」とまで語っているのである。

このような感情は同盟関係にも大きく影響し、地理的に離れすぎていたこともあるものの、日独両軍が**協力しあうことはほぼ皆無**だった。

そして、三国同盟はメリットをほとんど生まないまま、1945年5月のドイツ降伏、8月の日本の降伏によって消滅したのである。

topic.6
【真珠湾攻撃】

真珠湾攻撃は〝奇襲〟ではなかった？

最後通牒は用意されていた

1941年12月7日の早朝、ハワイ諸島のアメリカ軍真珠湾基地。

日曜日ということもあり、穏やかな時間を過ごしていたアメリカ兵たちは、突如飛来した日の丸をつけた戦闘機の大軍に驚愕した。

次々と戦艦が爆撃され、銃弾が降り注ぎ、約1時間で真珠湾は炎と噴煙に覆い尽くされた。

日米開戦の狼煙となった真珠湾攻撃である。

その被害は資料によってさまざまだが、アメリカの記録では戦死者は陸海軍あわせて3300人（2400人前後との説もあり）、沈没した戦艦は5隻、航空機は188機が破壊された。

一方で日本軍の被害は未帰還の戦闘機29機、戦死者64名。この日本軍の圧勝といえる戦果

真珠湾攻撃によって格納庫や飛行機が炎上するフォード島海軍基地。呆然と立ち尽くす水兵が写っている。

は、アメリカ軍が完全に無防備だったためだ。

それゆえ、「だまし討ち」「卑劣」「奇襲」などといわれる真珠湾攻撃だが、実際のところ、日本政府はアメリカと開戦するにあたって、**最後通牒《さいごつうちょう》を突きつけてから攻撃するつもりだった**。

最後通牒はなぜ行われなかったのか。いや、実は行われたのである。

その時刻はアメリカ東部時間の12月7日の午後2時20分（ハワイ時間の午前8時50分）。攻撃が始まってから、約1時間後のことだった。

なぜ最後通牒は遅れたのか？

最後通牒は真珠湾攻撃以前に暗号でワシントンの在米日本大使館へと送信されており、攻撃開始の30分前にアメリカ政府へ渡すはずだった。

この1時間30分の遅れがなぜ生まれたのかにつ

いてはさまざまな説が存在するが、一言でいえば〝**大使館の怠慢**〟だったとされている。

たとえば、最後通牒の暗号が送信されたとき、ある大使館員の送別会の最中で、ちょうど大使館がもぬけの殻だったという説がある。

また、最後通牒を文書にするとき、暗号を解読し、英語に清書する必要があったが、タイプライターに不慣れな担当者が、指一本で打っていたため、間に合わなかったともいわれる。

さらには暗号の内容を最後通牒だとは思わず、放置してしまったという説まである。

いずれもにわかに信じがたい話だが、最後の説については、見る者によっては最後通牒だと思えなくても無理もなかった。

暗号の内容は、同年4月から行われてきた日本の軍縮や利権の放棄などに関する日米交渉を打ち切るというもので、**即攻撃をするとはどこにも書かれていなかった**のである。

ともあれ、1時間遅れの最後通牒を受け取ったコーデル・ハル国務長官は激怒し、手渡した日本大使館員にこう言い捨てた。

「50年の公職生活を通じて、これほど恥知らずな、虚偽と歪曲にみちた文書を見たことがない」

もちろん当の大使館員は自国の軍が真珠湾を火の海にしているなどとは知るよしもなかったため、非常に困惑しただろう。

ただ、このハルの怒りが本物だったかどうかについては疑問が残る。**アメリカは真珠湾攻**

「ハル・ノート」の名の由来となった当時の国務長官コーデル・ハル。1945年にはノーベル平和賞を受賞した。

撃を事前に知っていたという説があるのである。

アメリカに筒抜けだった暗号

それは、アメリカは日本の外務省が使用していた暗号機の複製を完成させており、暗号のほぼすべてを解読していたというものだ。これが事実ならば、アメリカは最後通牒の内容を事前に知っていたということになる。

先述の通り最後通牒には開戦を直接意味する言葉は記されていなかったが、フランクリン・ルーズベルト大統領は最後通牒の内容に目を通すと「これは戦争を意味する」と側近に漏らしたという。もちろん真珠湾攻撃前のことだ。

そしてハル自身が戦後に記した回顧録にも、在日大使を通じて真珠湾攻撃の計画があることを事前に察知していたと書かれているのである。

ではなぜ、アメリカは真珠湾を無防備なまま日本軍の攻撃にさらしたのだろう。

ひとつ考えられるのは、**第二次世界大戦に参戦するための口実づくり**だ。

当時のアメリカは「モンロー主義」を掲げ、第二次世界大戦に不干渉の立場をとっていた。また、ルーズベルトは「国民を戦場に送らない」ことを公約にして当選した大統領でもある。

だが、イギリスや中国からは参戦を強く求められており、アメリカとしても参戦してアジアでの権益を拡大させたいという野望があった。

国民を納得させる形で戦争に参加する口実を探していたルーズベルトにとって、真珠湾攻撃はまさにうってつけの機会だったのだ。

真珠湾は生け贄だったのか？

アメリカが攻撃を事前に察知しておきながら参戦のために真珠湾を〝生け贄《にえ》〟にしたとするこの説は、いまだに根強く支持されている。

だが陰謀論の常で、多くの反論も存在する。

たとえば、真珠湾攻撃の後、現地司令官のハズバンド・キンメル提督は「職務怠慢」を追求され、その責任をとる形で退役しているが、真珠湾陰謀論の初期の論客の多くはキンメルの部下や反民主党（ルーズベルトは民主党出身の大統領だった）の学者たちだった。

こうした論客たちはキンメルの名誉回復や民主党への攻撃を目的としており、真珠湾陰謀論はそのための手段だったという指摘がある。

また、別の指摘としては、ある程度の痛手を受ける必要があったにせよ、その被害があまりに甚大すぎるというものも有名だ。

ただ、その点は説明できないわけではない。

真珠湾攻撃の計画は察知していたとしても、詳しい日時まではわからなかった可能性がある。また、**これほど大きな被害が出るとは予測していなかった**とも考えられるのだ。

というのも、真珠湾は厳重な要塞で守られており、上陸可能な死角も存在しなかったため、艦砲射撃や上陸作戦による攻撃は極めて難しかった。

別の攻撃方法としては魚雷があるが、通常、戦闘機が魚雷を投下すると60メートルほど潜ってから、目標物に向かっていく。

だが、真珠湾は平均水深12メートルほどの遠浅の海で、魚雷は海底に突き刺さってしまうため、魚雷攻撃も不可能と考えられていた。

このことを知っていた日本軍は浅瀬でも使用可能な魚雷を開発し、猛特訓を重ね、想定外だった攻撃を成功させたのだ。

アメリカ軍が真珠湾攻撃に備えていたようにも見える行動の記録もある。攻撃の前に空母

当初不可能とされていた真珠湾への魚雷攻撃を可能にした九一式魚雷。真珠湾攻撃直前に空母赤城の甲板上で撮影されたもの。

3隻を真珠湾から移動させているのだ。

艦砲射撃や上陸ができず、魚雷も使えなければ、日本軍の攻撃は爆撃しかないはずだった。

装甲の厚い戦艦などは爆撃に耐えられるが、装甲が薄い空母は沈んでしまう。それを避けるための移動だったと考えられるのである。

もうひとつ真珠湾陰謀説に対する反論を挙げれば、日本軍の情報収集と機密保持は万全で、単純にアメリカは攻撃を予測できなかった、というものがある。

これは先述の、アメリカは日本の外務省が使用していた暗号機の複製を完成させていたという事実と矛盾するように思える。しかし、それはパープル暗号と呼ばれるもので、作戦の要となる海軍作戦暗号までは解読できていなかったという説があるのだ。

防衛省が2008年に出したレポートは、こうした事実を根拠に「『フランクリン・ローズヴェルト大統領（原文ママ）は真珠湾攻撃を察知しておきながら、敢えてそれに甘んじた』という真珠湾謀略説も存在しているが、現状ではそのような可能性は極めて薄い」と結論している。

ともあれ、アメリカの陰謀があったか否かはさておいて、仮に最後通牒が予定時刻に提示されていても攻撃はその30分後。ともなれば、アメリカ国民が抱いた「卑怯な奇襲」という感情を拭い去ることはむずかしかったかもしれない。

また真珠湾攻撃と同日には、日本はイギリス領マレー半島にも攻撃を行っている。こちらには**そもそも最後通牒は用意されていなかった**。

太平洋戦争において日本が宣戦布告無しで開戦したという汚名は消えないのである。

第2章 大日本帝国の画期的な国家戦略

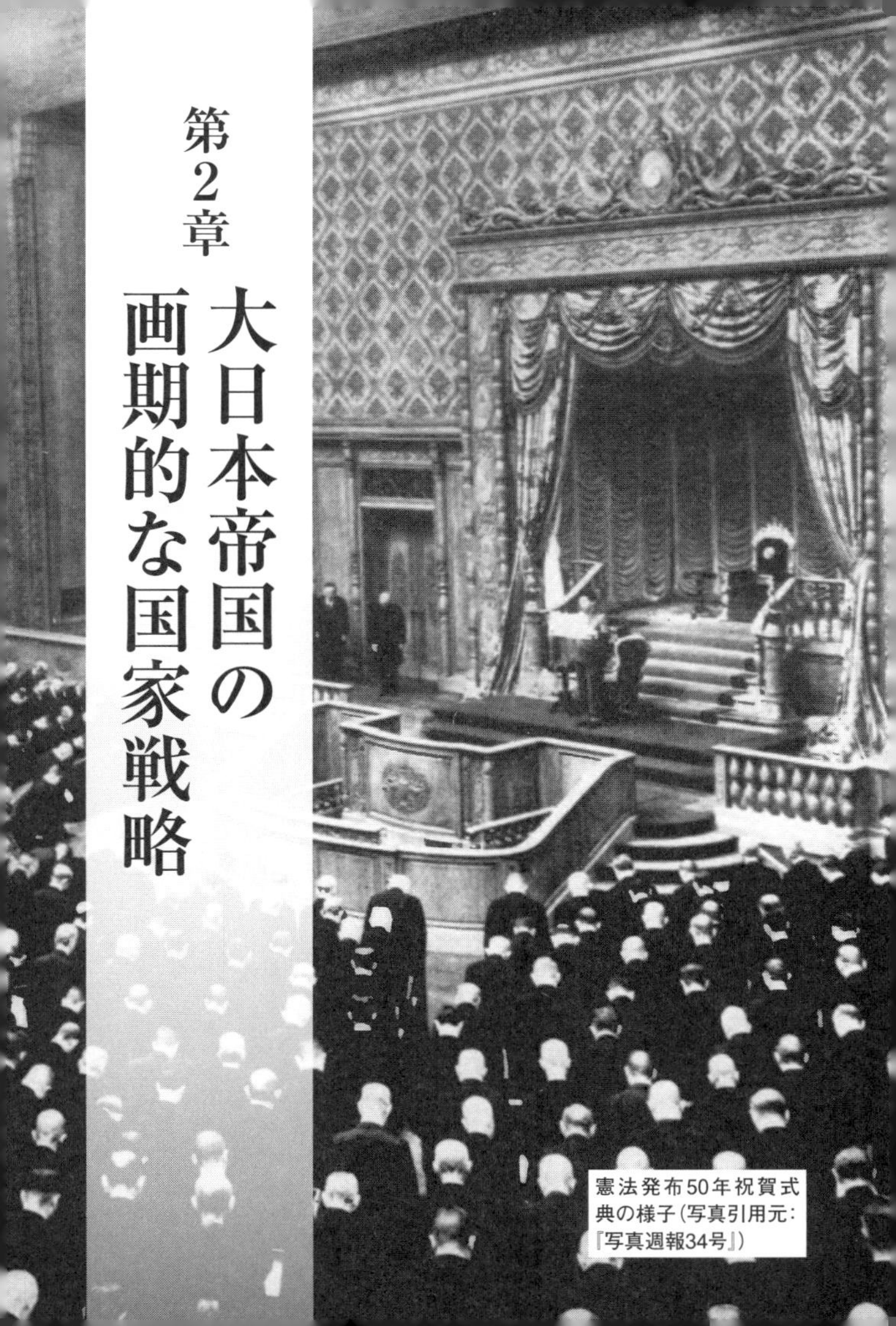

憲法発布50年祝賀式典の様子（写真引用元：『写真週報34号』）

topic.7
【明治維新】

日本はいつ植民地にされてもおかしくない状況だった？

ペリーの恐怖のプレゼント

大日本帝国はいつから始まったのか。

明治元年にあたる1868年とも、大日本帝国憲法が公布された1889年（明治22年）ともいわれるが、その**起源といえば1853年のペリー率いる黒船来航**と言えるかもしれない。

このとき、ペリーは開国を迫るとともに、あるものを幕府に贈っている。それは2本の白旗で、こんな手紙が添えられていた。

「通商をひらくことをあくまで承知しないならば、我々は武力によってその罪をただす。日本も国法をたてに防戦するがよい。戦争になればこちらが勝つのは決まっている。降伏するときは贈っておいた白旗を押し立てよ」

ペリーが来日した目的は、第一に日本を開国させ、アメリカ船の補給地をつくることだが、

1853年に描かれたペリー一行の錦絵。左からヘンリー・アダムス副使、ペリー提督、アナン軍使。

最終的には**不平等条約を結ぶこと**だった。

関税の額や割合を勝手に決められたり、外国人が国内で犯罪をはたらいても裁くことができなかったりするなど、到底のめないような条件だが、結ばなければ江戸の街を焼け野原にしてやるぞ、という横暴極まりない要求だったのだ。

実のところ、こうした「砲艦外交」を行っていたのはアメリカだけではなく、イギリスをはじめとした欧州各国も同様だった。

当時は先進国が途上国を植民地にしたり、不平等条約を押し付けたりすることが当たり前の時代で、ペリー来航の11年前にはイギリスがアヘン戦争で清（中国）から領土を奪っている。極東の小国である日本など、**いつ植民地にされてもおかしくない状況**だったのである。

ここに大日本帝国の最大の謎がある。なぜ江戸時代の日本は植民地にされることなく、大日本帝国へと移行することができたのだろう。

西洋の怖さを知っていた日本

ペリーの要求に対して、日本の選択肢は服従か、徹底抗戦かの2つ。ここで日本は前者を選び、開国を決意する。弱腰に思われるかもしれないが、これは非常に重要な決断だった。

もしも徹底抗戦を選んでいたら、圧倒的な軍事力によって侵攻され、瞬く間に植民地にされていたかもしれない。事実、さきほど述べたアヘン戦争は、イギリスの横暴に悩まされた清が、武力で抵抗したために起きたものなのだ。

イギリスは清から紅茶の茶葉を大量に輸入していたが、イギリスから清に輸出する商品がなかったため、膨大な貿易赤字を抱えていた。

そこでイギリスは常軌を逸した行動をとった。**アヘンを清に密輸**し始めたのだ。

アヘンは麻薬の王様とも呼ばれるヘロインの原材料で、それ自体にも人を廃人にするほどの中毒性がある。もちろん清政府は輸入を禁止していた。

アヘンは飛ぶように売れた。清はアヘン中毒者で溢れかえり、一方でイギリスの貿易赤字はみるみる解消していく。

事態を重く見た清はアヘン商人を武力で排除しようとしたため、イギリスは自国民の保護

アヘン戦争を描いた絵。1845年の清のアヘン中毒者は推定3000万人にも及んだという。

という名目で大艦隊を派遣。清の艦隊を打ち倒し、上海など5カ所を開港させたほか、香港を割譲し、巨額の賠償金をせしめたのである。

この惨状は鎖国中の日本にも届いていた。**アメリカに逆らえば清の二の舞**になってしまう。そう危惧した幕府は無謀な抵抗をすること無く、１８５４年に下田と函館（当時は箱館）を開港する**日米和親条約**、１８５８年には神奈川や長崎などを開港し、貿易の自由化を認める**日米修好通商条約を結んだ**のである。

苦渋の決断に違いないが、これがアメリカに武力行使の口実を与えなかったとも言えるのだ。

もうひとつの重要な決断

幕府がペリーの要求を受け入れた一方で、国内では外国を排斥し、より強い鎖国体制をつくろう

という **「攘夷論《じょういろん》」** が持ち上がっていた。

攘夷派の人々からすれば、幕府が開国したことは面白くない。それどころか外国に媚びへつらっているようにも見えたため、こんな幕府に国を任せていたら、いつか外国に乗っ取られてしまうという危機感が生まれた。

こうした感情から始まったのが、幕府を倒し、新たに天皇中心の国家をつくろうという「尊《そん》皇攘夷運動《のうじょういうんどう》」だ。

江戸時代最末期になると、薩摩藩《さつまはん》、長州藩《ちょうしゅうはん》を中心に、新たな国家体制を望む志士たちが結集し、武力による倒幕の動きが加速していく。

だが、いよいよ幕府を倒せるか、というところで倒幕《とうばく》派の中心人物のひとり、坂本龍馬《さかもとりょうま》からある提案が持ちだされた。幕府に、自発的に政権を返上させるという **「大政奉還《たいせいほうかん》」** である。

あとひと押しで幕府を倒せそうなのに、なぜこんな回りくどい案を出したのか。

もしも力ずくで幕府を倒しても、親幕藩《しんばくはん》が一掃《いっそう》されるわけではない。むしろ、300近くある藩が入り乱れての大内戦になる恐れもあった。

実は内戦こそ、西洋列強が待ち望んでいた展開。彼らは最初から武力を使うことはほとんどなく、手始めに開国させるなどして国内を混乱させる。それによって発生した内戦に乗じて、侵攻するのが常套《じょうとう》手段だったのだ。

幕府自らが政権を返上すれば、親幕藩もそれに従うはず。**大政奉還は倒幕後の内戦を防ぐ**

ための政治工作だったのである。

幕府側にも、勝てる見込みのない戦《いくさ》をするよりも、穏便に政権を明け渡したほうがよいという気運が生まれ、大政奉還を決断した。

確かに大政奉還後、旧幕府軍による**戊辰戦争《ぼしんせんそう》**などの内戦が勃発したが、半年ほどで収束。西洋列強に付け入る隙を与えずに、幕藩体制から新体制へと移行する**「明治維新《めいじいしん》」**を成し遂げたこと。これこそ日本が植民地にされなかった最大の理由のひとつなのである。

西洋の強さを体感した薩長

ところで、明治維新の中心的役割を果たした薩摩藩と長州藩には、ある共通点がある。**西洋列強と直接戦闘を行っている**のだ。

1862年、薩摩藩の大名行列に、作法を知らなかったイギリス人が割り込んでしまい、武士に殺傷されるという「生麦事件」が発生。翌年にはイギリス艦隊が鹿児島湾に現れ、薩英戦争が勃発した。鹿児島の街は大火に包まれ、イギリス艦船1隻が大破するなど痛み分けに終わった。

1863年には、長州藩は外国船を打ち払うという名目で下関海峡を航行していた外国商船を次々と砲撃。その後、仏・蘭・米・英の連合艦隊に反撃され、軍艦と下関の砲台をこと

長州藩とイギリス・アメリカ・オランダ・フランスが衝突した下関戦争の一幕。現在の山口県の長府にあった前田砲台がイギリス軍によって占拠されている。

ごとく破壊されるという手痛い敗北を喫《きっ》した。

薩長はこうした体験から、西洋の力がいかに強大かを肌で感じ取ったのだろう。西洋に対するリアルな危機感が、明治維新の最大の原動力となったのだ。

topic.8
【武士の最期】

明治維新が武士にもたらした受難とは？

明治維新は異色の革命？

江戸幕府が倒れ、天皇中心の中央集権的な国家が誕生した明治維新は、フランス革命、ロシア革命などと並ぶ、世界史上の大事件だった。

けれど、フランス革命やロシア革命と比べると、明治維新は〝**異色の革命**〟といわれる。

革命は普通、既存の支配階級を、支配されてきた人々が打ち倒すことでなされるものだった。だが、明治維新は、江戸時代の支配階級だった武士たちが、当時の社会体制のままでは西洋列強に対抗できないという危機感を抱き、自ら革命を起こしたものなのだ。

明治政府成立後は、そうした武士たちの手によって近代化政策が積極的に進められていくのだが、ここには**非常に皮肉な問題があった**。

近代化するということは、それまでの古い体制を撤廃していくこと。つまり、武士という

明治元年に撮影された武士たち。この1枚は中央に写る西洋人牧師の名前から「フルベッキ写真」と呼ばれ、佐賀藩校の学生集合写真という説が有力。

支配階級の存在が不要になってしまったのだ。

邪魔者になってしまった武士

たとえば、富国強兵《ふこくきょうへい》政策の一環として発布された**「徴兵制《ちょうへいせい》」**。一般の国民を兵士として動員することで安定して大規模な軍を維持できるこの制度は近代的な軍をつくるためには不可欠だが、これが始まればそれまで軍事力を独占していた**武士の存在理由はなくなってしまう**。

また、明治以降は試験制度で有能な人材を登用するなど、四民平等の社会が理想とされたのも武士には逆風だった。世襲制によって政治や行政の重要なポストを占めることも多かった武士は、こうした世の中にはそぐわなかった。

そして、近代化を進めるうえで**最大の問題が、大名が治める「藩《はん》」**の存在である。

藩はそれぞれがひとつの国のようなもので、いってみれば江戸時代の日本は300余りの独立国家の集合体だったのである。

中央政府として明治政府が誕生しても、その状況は変わらなかった。政府が各藩に対して権力をもっていたわけではなかったし、各藩から税を徴収できるわけでもなかった。**政府はいわば看板だけの組織**だったのだ。

そこで中央集権を確立するため、政府は非常にダイナミックな改革を行った。藩の領地を国に返還させる**「版籍奉還《はんせきほうかん》」**と、藩を廃止し、代わりに県を設置する**「廃藩置県《はいはんちけん》」**である。

武士にとどめをさした廃藩置県

版籍奉還の段階では、大きな反発も起きなかった。この改革は、いわば独立国の王様だった大名を公務員にして、日本をひとつの国としてまとめるというもの。大名はそのまま藩の最高官である「知藩事」に任命され、藩主としての身分は保証されていたのだ。

だが、廃藩置県となると話が違う。

「藩がなくなって県ができた」とだけ聞くと、市町村の改名や、せいぜい合併くらいの印象を受ける。だが、その実態は**武士を対象とした超巨大リストラ事業**ともいえるものなのだ。

廃藩置県では、知藩事の役職が廃止され、新たな行政区分として設けられた県の行政は、政府から派遣された県令（現在の都道府県知事にあたる役職）が掌握することになった。

さきほど藩は独立国家のようなものと述べたように、各藩には独自の行政システムがあった。それを廃止するということは、数百年にわたって各藩が築き上げてきた**既得権益をすべて消滅**させることになるほか、**藩士を大量失業**させることにもなるのである。

そのため、明治政府内には反乱が起きるのではないか、と危惧する声もあり、政府の中心的役割を担っていた薩摩・長州・土佐の3藩は反乱を防ぐため約1万の兵を用意していた。

しかしながら、その顛末《てんまつ》は意外なものだった。ほとんどの知藩事が廃藩置県を受け入れ、これほどの改革としては考えられないほどスムーズに日本は中央集権国家へ移行したのである。

ちなみに、**直接的な反感を示した大名は薩摩藩の最高権力者・島津《しまづ》久光《ひさみつ》ただ一人**とされる。

薩摩藩は明治維新を推進した勢力だが、なぜ、その薩摩藩のトップが怒りを示したのだろう。それは、そのトップと実際に推進した大久保や西郷たちの方針が必ずしも一致していなかったからである。

久光は非常に激怒したが、花火を大量に打ち上げ、一晩中それを眺めるという一風変わった方法で怒りを発散したとされる。

薩摩藩11代藩主、島津久光。幕末の薩摩藩の最高権力者で、明治維新後は内閣顧問や左大臣などを務めた。(写真引用元:『近世名士写真.其1,2』)

明治維新最大の謎

廃藩置県で既得権益を脅かされながら、なぜ大名たちは反乱を起こさなかったのだろう。

理由のひとつは、**天皇の存在**である。

廃藩置県の直前に行われた版籍奉還では、名目上、藩主(知藩事)が自主的に天皇へ「版籍奉還します」と申し出て、天皇が受け入れるという形をとっていた。そして各藩に送られた廃藩置県の通知文にはこんな記述があった。

「知藩事の政務を監査したところ、実績を挙げていない者が多い。天皇陛下はこの状況を非常に嘆いているため、知藩事全員を免職(廃藩)し、その管轄地を県とする」(要約)

天皇の名を出された以上、反乱を起こす大義名分をつくるのは不可能だった。

また、廃藩置県によって、藩が領内から徴収していた税は、すべて政府が国の運営に使うことになるが、一方で、**藩の借金も政府が肩代わりする**ことになっていた。

当時は財政難に苦しむ藩が多く、廃藩置県をむしろ好都合と受け止めるケースもあったのだ。

もうひとつ見逃せないのが、明治政府の中心を担っていた**薩摩・長州・土佐などの諸藩もこの改革を受け入れた**ことだろう。

彼らは明治維新を主導した藩でもあり、いわば戦勝者。本来優遇されるべき立場にもかかわらず、痛みを受け入れ、自分たちの特権すらつくらなかったのだから、他の藩もこれに続かないわけにはいかなかった。

しかしながら、これは大名たちの理屈であり、一般の武士たちの心境は違った。

廃藩置県の後も、明治政府は武士の特権を廃止する法律を次々とつくり、武士の地位は著しく低下。1876年に武士の象徴だった帯刀を禁止する**廃刀令**が施行されると、武士の不満は頂点に達し、反乱が頻発するようになった。

そして、1877年、旧薩摩藩士が中心となり、最大規模の反乱である**西南戦争**が勃発する。

武士たちには明治維新は自分たちの功績だ、という自負があった。西南戦争は「それなのになぜ虐《しいた》げられなければならないのか」という悲痛な叫びの発露だったのである。

1877年にフランスのニュース誌に掲載された西南戦争の一幕。中央に座る人物が指揮官の西郷隆盛とされるが、広く知られる肖像とは大きく印象が異なる。

反乱軍3万は、徴兵制によって編成された政府軍7万の物量に圧倒され、敗北した。

中世以来、日本の軍事を司ってきた武士は、近代化の波に完敗してしまったのだ。

topic.9
【西洋化】

西洋化の象徴「鹿鳴館」は外国人にバカにされていた？

急速に進められた西洋化

「散切《ざんぎ》り頭を叩いてみれば、文明開化の音がする」という言葉が流行した明治時代初期。

この時期は、武士の象徴でもあったちょんまげの散髪を認める断髪令《だんぱつれい》にはじまり、華士族と平民の結婚の自由、職業選択の自由、華士族の農工商従事の許可など、さまざまな**文明開化政策が進行した時代**である。

さらに、都心にはガス灯が設置され、レンガ造りの洋館が軒を連ねるなど、ライフスタイルの西洋化も積極的に進められた。

そうした西洋化の象徴ともいえるのが、現在の東京都千代田区に存在した**鹿鳴館**《ろくめいかん》である。

鹿鳴館はいままでいう迎賓館《げいひんかん》で、レンガ造りの2階建てに、100坪もの舞踏場を備えていた。

鹿鳴館。1883（明治16）年７月、落成。1940年に解体された。（画像提供：国立国会図書館）

そして、外国の賓客や外交官を迎え、毎夜のように盛大な夜会や舞踏会が開かれたのである。

その贅を尽くした遊興ぶりは、一部の国民からは「西洋の猿マネ」「退廃的」と批判されてしまうが、諸外国に対して「日本は西洋文化が根付いた文明国ですよ」とアピールをする狙いがあった。けれど、招かれた外国人の目には、鹿鳴館での催しは大変奇妙なものに映ったという。

ドレスの背中に〝お灸の跡〟

鹿鳴館が建設されたのは鎖国の撤廃から約30年後。とはいえ、上流階級でも西欧式舞踏会のマナーやエチケットはまだ馴染みが薄かった。

夜会では豪勢な西洋食がテーブルを飾ったが、**ナイフやフォークの扱いはおぼつかなげで、舞踏会でもまともにダンスを踊れないセレブが続出。**

慣れない西洋風の正装もトラブル続きで、**コルセットで体を締めすぎて、貧血で倒れる婦人もいた**という。

それでは格好がつかないため、踊りや音楽の素養がある芸者を動員することもあったが、これにも問題があった。

ドレスは背中が大きく開いているが、当時の芸者はお灸《きゅう》を据《す》える習慣があり、ドレスを着ると**お灸の跡が丸見え**になってしまうのだ。

このようなちぐはぐな様子を目にした外国人は、こぞって「滑稽《こっけい》だ」と嘲笑したという。

こうしたエピソードから、鹿鳴館は急速な西洋化や、浅はかな西洋至上主義がもたらした失敗例ともいわれる。事実、鹿鳴館の風当たりは次第に強くなり、完成から10年足らずで迎賓館としての役割を終えたのだった。

不満が噴出した西洋建築

〝西洋化の象徴〟である鹿鳴館ですらこの有り様なのだから、庶民の生活にも混乱は多かった。

1873年（明治6）年、東京・銀座には日本で最初の西洋街がつくられた。パリのシャンゼリゼ通りをモデルにした舗装道路や、ロンドンの家屋をモデルにしたレンガ造りの洋館が並ぶ町並みは実に壮観で、遠方から泊りがけで見学に来る者もいたという。

明治初期の銀座の煉瓦街を描いた錦絵。（画像提供：東京都立中央図書館東京資料文庫『東京銀座要路煉瓦石造真図』）

しかし、実際に生活している人々の評判はすこぶる悪かった。

建築技術の未熟さゆえ、洋館は立て付けが悪く、**日常生活に支障が出るほど湿気がひどかった。**洋館で店を開いたために商品のお茶がしけってしまい、倒産した茶商もいたという。

さらに、西洋文化を恐れる俗信も根強く、**洋館で暮らすと脚気になる**というデマも流れ、当初の銀座は空き家ばかりになったのである。

これに頭を痛めた東京府は、入居者の地租《ちそ》（現在の固定資産税）を4カ月分免除するなどの優遇措置をとり、徐々に入居者は増えていった。

西洋化で消えた文化とは？

こうした紆余《うよ》曲折《きょくせつ》を経ながらも、西洋文化は着実に日本社会に根付いていった。けれど、先ほど述べたちょんまげのように、西洋化と入れ替わりに廃れていった伝統文化も無数にある。

たとえば、刺青《いれずみ》である。江戸時代に犯罪者への罰として用いられていたことは有名だが、江戸時代の中期から後期になると、「粋」なファッションとして爆発的な人気を誇った。

博徒《ばくと》や遊女はもちろんのこと、火消しや飛脚などの職業では、入れ墨をしていなければむしろ恥であると見なされるほど普及したのである。

しかし、近代的な国家像にそぐわないとして、1872年に装飾用の刺青は非合法化され、以来、刺青をいれる者は少数派になったのだ。

また、明治以前には、夜分に女性の寝所に忍び込み、関係を結ぶ「夜這《よば》い」が日本各地で見られた。童貞の男子が経験豊富な女性に夜這いし、筆おろしをしてもらうケースも多かった。

夜這いも文明開化を境にタブーとなっていく。

その理由には諸説あるが、欧米の先進技術を伝えるために来日したお雇い外国人が、キリスト教の貞操観念を広めたという説、夜這いを禁止することで性風俗産業を発展させ、経済を活性化させるためだったという説などが有力だ。

西洋化の動機は〝危機感〟

さまざまな弊害をもろともせず、急速に進められた西洋化だが、なぜそれほど急ぐ必要が

岩倉使節団。左から木戸孝允、山口尚芳、岩倉具視、伊藤博文、大久保利通。米英仏露などの12カ国、その植民地のアジア諸国を視察した。

あったのだろう。

その最大の動機づけになったのは１８７１年から約２年間にわたって行われた**「岩倉使節団」**による欧米の視察だった。

この試みは世界史上でも極めて異例なものといわれる。メンバーは岩倉具視《いわくらともみ》を団長に、木戸孝允《きどたかよし》、大久保利通《おおくぼとしみち》、伊藤博文《いとうひろぶみ》などそうそうたる顔ぶれからなる１０７名（留学生なども含む）。

国を代表する要人がまだ明治維新後の混乱が続く国内を２年間も留守にして、視察旅行をするなど、常識では考えられないことだった。

彼らはアメリカの大陸横断鉄道に感嘆し、イギリスの製鉄所の巨大さに衝撃を受け、庶民が江戸城よりも高い建物に暮らしていることに度肝を抜かれた。そして、このカルチャーショックは、次第に強烈な危機感になっていく。

なにせ欧米諸国は、**隙あらば日本を植民地にし**

ようと企む**競争相手**。彼らが目の当たりにした欧米の圧倒的な国力は、やがて乗り越えなくてはならない巨大な壁でもあったのだ。

日本の要人たちは直にこうした危機感を抱き、腹をくくった。そして、欧米と同様の工業力と商業力を得るため、徹底的な西洋化政策を採る以外に道はないと決断したのである。

批判されることが多い鹿鳴館にしても、その場にいた日本人は真剣そのものだった。

海外の賓客に華やかな舞踏会を見せることは、日本の国力を見せるということであり、国際的な地位を高めて**不平等条約や治外法権を撤廃させるためには不可欠**と考えられていたのだ。

西洋化は、国際社会で日本が生き残るための、死に物狂いの戦いだったのである。

topic.10
【天皇】

大日本帝国の天皇はなぜ〝神〟だったのか？

なぜ天皇中心の国家に？

現在の日本と大日本帝国の最大の違いはなにかといえば、**天皇の立ち位置**に違いない。

現在の日本では、天皇は国の象徴で、国のあり方や方針を決めるのは国民だが、大日本帝国憲法が定める天皇の立ち位置は大きく違う。

第1条には「大日本帝国は、万世一系《ばんせいいっけい》の天皇がこれを統治する」とあり、さらに第4条には「天皇は国の元首にして、統治権を総攬《そうらん》する」と書かれている（共に原文から現代風に改変）。総攬とは「一手に掌握する」という意味だ。

つまり、天皇は大日本帝国の主人であり、議会の開設や閉鎖・立法・国務大臣の任命や罷《ひ》免《めん》・外交・軍事など、**国の全活動の最高決定権をもつ**と定められていたのである。

けれど、江戸時代の天皇は神道の元締めという宗教的な権威ではあったが、政治的な実権

大日本帝国憲法の発布式。第2代総理大臣黒田清隆が明治天皇にお辞儀している。
（衆議院憲政記念館所蔵「憲法発布の詔勅公布（伊藤芳峡画）」）

はもたない、どちらかというと地味な存在だった。

なぜ明治以降はこれほど大きな存在になったのかというと、武士たちが**明治維新の旗印として着目したため**である。

そもそも、武士たちが倒そうとした江戸幕府は約270年も続いた超長期政権。幕府がなくなった世の中など、一般の人々には想像もできなかったはずで、倒幕に成功しても民衆が混乱し、国がばらばらになる恐れがあった。

そうした混乱を抑え、明治新政府の正当性を認めさせるためには、**江戸幕府に負けないだけの存在感をもった旗印が必要**だった。

万世一系の伝統をもち、その権威はほとんどの国民が知っている天皇は、旗印に相応しい存在だったのだ。

御真影の一例。（写真引用元：『続・現代史資料8：教育―御真影と教育勅語Ⅰ』）

天皇が神だった時代

さて、大日本帝国という国を語る上で、避けて通れない問題がある。それは国家元首である**天皇が神とされていた**、ということだ。

太平洋戦争期に「天皇陛下万歳」と叫んで多くの兵士が敵に特攻をしかけた歴史があるため、大日本帝国は天皇が絶対神のように君臨し、国民は天皇のためなら喜んで命を捧げる、異様な国家だったと思う人もいるかもしれない。

実はこれは最大の誤解のひとつなのだ。

確かに明治以降、天皇の権威を高めることは国をまとめることにつながるため、政府による天皇を神格化する動きはあった。

１８７４（明治７）年には御真影《ごしんえい》と呼ばれる天皇の写真を全国の学校に配り、天皇を視覚化する

1931年、昭和天皇の御真影が全国の学校に下賜されたときの様子。中央の人物は御真影を渡された校長で、うやうやしく掲げ持っているのがわかる。
（写真引用元:『朝日クロニクル週刊20世紀1931-32』）

ことで権威を高める政策が行われた。

また、90年には**教育勅語**《きょういくちょくご》という、日本古来の道徳観を示す天皇の勅語（言葉）が下賜《かし》され、学校の集会などで読み上げるようになった。

けれど、明治・大正時代の人々の多くは、天皇に対する尊敬や親愛の気持ちがあったものの、**神として信仰した人はほとんどいなかった**。

天皇の神格化が急速に強まり、現人神《あらひとがみ》として扱われ始めたのは、日中戦争が始まる2年前の1935（昭和10）年。つまり、**天皇が神とされたのは大日本帝国最末期の10年間程度**だったのだ。

さらに、憲法上は天皇が国の全活動の最高決定権を掌握することになっていたが、それはあくまで建前だった。

君臨したが統治はせず

実際には、法律をつくったり、戦争を始めたりといった国の活動は、議会の決議で決められ、天皇はその決定を後から承認するという形式。

不満ならば承認を拒否できたが、慣習として**すべての決定は承認することになっていた**。

事実、昭和天皇が太平洋戦争に反対していたのは有名な話。昭和天皇が自分の意志で政策を決定させたことは１９３６年の２・26事件の鎮圧と太平洋戦争の降伏のたった2回だけだ。

昭和天皇が権力をほとんど振るわなかった理由は、陸軍の一組織・関東軍が独断で行ったある事件が発端とされる。

１９２８年、関東軍は満州の鉄道の利権問題から、現地の有力者・張作霖《ちょうさくりん》を爆殺。この事件は国内でも問題になり、当時の首相・田中義一《たなかぎいち》は犯人の処分を行うことを天皇に上奏した。

しかし、結局田中は軍部の圧力に負け、処分をうやむやにしてしまう。この政治家として煮え切らない態度に天皇は怒り、厳しく叱責した。

これをきっかけに、田中内閣は総辞職したのだが、天皇はこの一件を深く反省したという。単なる叱責だったが、結果的に政治に介入してしまったと考え、以後、政治的発言は慎重に避けるようになったのだ。

天皇の政治利用だった神格化

それにしても、なぜ1935年以降、天皇の神格化が強まったのだろう。

さきほど、天皇は議会の決定を承認する立場だったと述べたが、このような形式を「統治を実際に行うのは国家と国民であり、天皇はいわば国家の頭脳にあたる最高機関なのだ」と捉える、**天皇機関説**という考え方があった。

この考え方は民主主義が活発化しようとしていた大正時代から、当時の国民の実感にぴったりと合致し、学者や政治家はもとより、一般の人々にも広く支持されるようになる。

ところが、1935年、元陸軍の政治家・菊池武夫《きくちたけお》がこんな演説をぶちあげた。

「絶対的な存在である天皇を機関として扱う天皇機関説は不敬である」と。

実はこの演説には、ある政治的意図があった。

1931年の満州事変以降、軍部はより強大な権力を手中に収めることを目論んでいた。

当時の議会は天皇機関説を支持する議員が多数派だったが、軍部や親軍的な立憲政友会は、彼らを不敬であると糾弾することで議会から追放し、政治の実権を握ろうとしたのである。

結局、この目論見は成功してしまう。天皇は絶対的な存在であることが政府の公式見解となり、軍部が主導権を握ったことで、大日本帝国は泥沼の戦争に転がりこんでいく。

写真は天皇機関説の代表的な論者で貴族院議員の美濃部達吉。天皇機関説への批判の高まりを受け、議会で釈明演説をしている。
（写真引用元：『朝日クロニクル週刊20世紀1935』）

　そして、極端に神格化された天皇の権威は、戦時下において**国民を統制するための道具**としても使われたのである。

　たとえば、先述の教育勅語には「親孝行しよう」「友達は大切に」といった言葉とともに、「国が大変なときは国に尽くそう」とあった。

　政府や軍部はこれを拡大解釈することで、**国民の自由を抹殺する言論統制や物資統制を正当化**させていったのだ。

　こうした状況を、当の昭和天皇はどう感じていたのだろう。天皇の発言を収録した「昭和天皇独白録」にはこんな言葉が記されている。

「本庄だったか、宇佐美だったか（本庄繁《ほんじょうしげる》と宇佐《うさ》美興屋《みおきいえ》。ともに陸軍軍人）、私を神だというから、私は普通の人間と人体の構造が同じだから神ではない。そういうことを言われては迷惑だと言ったことがある」

topic.11
【貿易】

明治の日本はすでに貿易大国だった？

貿易大国だった明治の日本

2018年の国ごとの輸出総額は1位が中国、2位はアメリカときて、3位にドイツが入り、4位が日本である。経済の凋落《ちょうらく》が叫ばれているが、日本はまだまだ世界有数の貿易大国だ。

日本がこうしたポジションを獲得したのは戦後の高度経済成長期からだと思われがちだが、実は、日本はもとの立ち位置にカムバックしただけということをご存知だろうか。

明治の日本は世界的な貿易大国だったのだ。

1873（明治6）年から1877年までの輸出額は年平均で2億2125万円、輸入額は2億6586万円。

一方、1908年から1912年までの輸出額は年平均で44億4805万円、輸入額は48

億５４８９万円と、戦前の貿易は**明治時代だけで20倍もの成長**を遂げている（金額は当時のもの）。

明治時代の日本の主な輸入品は、富国強兵のための機械製品や武器だった。

だが、輸入してばかりでは、やがて国内の富がなくなって、貿易ができなくなってしまう。規模を拡大しながら貿易を長続きさせられるということは、大量の輸入に見合う、強い輸出力をもっていたということになる。

これは植民地主義が根強かったこの時代において、国の発展のために不可欠なことだった。当時の発展途上国の多くは、先進国からの輸入の際、代金を払うのではなく、鉱山資源や国土を担保にした「借り入れ」の形をとっていた。

こうして借りをつくってしまうと、後々利権を乗っ取られたり、国土を奪われたりして、発展の足かせになることが多かったのだ。

すなわち、日本は強い輸出力をもっていたからこそ、貿易大国になれたし、西洋列強の植民地にされることはなかったのである。

意外なメイドインジャパン

では、日本は何を輸出していたのだろう。

20世紀初頭の横浜港。横浜港は江戸時代末期に開港した5大港のひとつで、明治初期から生糸の輸出港として世界に名を馳せた。（横浜開港資料館所蔵）

現在の主力輸出品は自動車や半導体だが、当時はもちろんそんなものは存在しない。それどころか、西洋から輸入した機械製品によって、ようやく工業化が始まった時代である。

日本が輸出したもの、それは**生糸**（絹）だ。

生糸をつくりだす蚕は病気に弱いこともあり、飼育が非常に難しかったが、日本では江戸時代から多くの藩が養蚕業に取り組んでいて、養蚕技術の研究も盛んに行われていた。まさに世界的な生糸の生産地だったのである。

とはいえ、生糸は需要が高かったため、ヨーロッパやアジアの他の国でも生産されていた。日本がそうしたライバルに勝てたのは、ふたつの幸運があったためだ。

ひとつは、日本が開国したちょうどその頃、ヨーロッパでは蚕の病気が流行し、生糸が品薄状態だったこと。もうひとつは、アメリカでの生糸の

明治時代の養蚕の様子。絹糸の輸出で得た外貨は日露戦争などの明治期の戦争で使われた兵器の大部分を賄ったともいわれる。（横浜開港資料館所蔵）

需要の急増である。

それまでのアメリカは比較的新しい国で、生糸を使った絹製品は、贅沢品としてあまり需要がなかった。

しかし、発展とともに需要が増え、20世紀初頭には世界の消費量の38％を占める、世界最大の生糸消費国になった。ヨーロッパの生糸が品薄だったため、全消費量のうち7割を日本からの輸入に頼るようになったのである。

このような背景から、1909年には、日本は**世界最大の生糸の輸出国**になっていたのだ。

世界の工場・イギリスとの競争

もうひとつ、戦前の貿易を語る上で欠かせないのが、綿花から糸をつくる**紡績業**《ぼうせきぎょう》である。

文明開化による工業化が進んだ結果、ほぼ24時間操業の大規模な紡績会社が次々と設立され、明治中期には重要な輸出産業になった。

これはよく教科書などで「先進国との厳しい競争をしのいで成功した」などとさらりと解説される事柄だが、**実は非常に奇妙なこと**なのだ。

当時、「世界の工場」と呼ばれ、経済力、軍事力ともに最強だったイギリス。綿紡績はイギリスのお家芸で、アメリカやドイツなどのほかの工業国はまるで手出しができなかった。

さらに、日本は綿の生産にイギリスから購入した機械を使っており、いくらそれをフル回転させたところで、本家に勝てるはずはない。

実は、ここにも幸運があった。

イギリスが生産する綿布は細い糸を紡いでつくる薄手のものだったが、日本はたまたま**太い糸を紡いだ厚手の綿布を生産**していた。

そしておもに東アジアでは、日本が生産した厚手の綿布が好まれたのだ。

つまり、紡績という同じ産業で競争しているように見えて、日本とイギリスはまったく**別の市場に向けて商売をしていた**のである。

ブラック企業も真っ青な職場

こうした産業に支えられ、日本経済が躍進を遂げていく一方で、製糸業に従事していた人々

製糸場で働く女工たち。茹でた蚕の繭をほぐし、糸の状態に加工する。(写真提供:国会図書館所蔵『宮行啓記念宮城県写真帖』)

の労働環境は非常に過酷だったことで知られる。

当時の製糸工場の労働者はおもに農村から身売りされてきた女工たちだった。

多くの工場は1日22時間稼働の昼夜交替制で、女工は**1日11時間**も働かされ、それに加えて**残業もほぼ毎日**あった。繁忙期の労働時間はさらに増え、18時間はざら。休憩は1日3回15分ずつで、食事は機械から離れずに摂っていた。

こんな重労働にもかかわらず、明治〜大正期のある工場の場合、月給は6円(現在の約2万円)程度だったとされる。契約期間中に中途退職すれば借金が残る仕組みだった。

ただし、熟練工となれば、1年間で家が建つほどの収入を得る者もいたとの説もある。

もちろん、すべての工場がこのような状況ではなく、機械製糸場のパイオニアとして知られる富岡製糸場の場合、週休制で労働も1日8時間と常識的な業務内容だった。

しかし、これは政府の運営する「模範工場」だったためである。実際、この労働条件では赤字続きだったといわれ、民間に払い下げられた後はブラック化が進んでいった。

また、過酷だったのは労働だけではなかった。

多くの工場では換気もされず、粉塵《ふんじん》が舞い、結核や眼病などを患う者が続出。工場側が休息を与えたり、医師の診察を受けさせたりしなかったため、死者や失明者も少なくなかった。

1919年の読売新聞は、工場での契約を終えて帰郷した女工のうち、**15％は栄養不良や呼吸器病患者**だったと報じている。

こうした目を覆いたくなるような状況が生まれた要因は、製糸業が当時の日本にとって、ほとんど**唯一の国際競争力をもった産業**だったことが大きい。

政府は製糸工場の業績を伸ばすため、過酷な労働環境を見て見ぬふりしたといわれている。

topic.12
【富国強兵】

大日本帝国が戦争に強かった理由とは？

戦争に強かった日本

大日本帝国というと、真っ先に国中が焼け野原になった太平洋戦争での敗北が頭をよぎる。たしかに最後の最後で完膚《かんぷ》なきまでに叩きのめされたものの、実は、それまでの戦争ではほとんど連戦連勝しているのをご存知だろうか。

これはよく考えると不思議な話。当時の国際情勢からみれば日本は、「世界の田舎」だったアジアの新興国に過ぎない。そんな国がアジアの盟主だった清や世界最強クラスの軍事大国だったロシアを次々と倒してしまうのだから。

その謎を解くカギこそが、明治時代初期から推し進められた**「富国強兵《ふこくきょうへい》」**である。

産業を振興することで国を富ませ、その財力を使って強い軍をつくるということの国策。もちろん世界中の後進国が同じことをしようとしていたのだが、日本だけがそれを成し遂げら

1894年に勃発した日清戦争における日本軍。日本はこの戦争に勝利した後、日露戦争にも勝利するなど戦勝を重ねた。

れたのは、なぜだったのだろう。

戦前版〝聖域なき構造改革〟

富国強兵は、明治初期に推し進められたさまざまな改革をひっくるめた呼び名だ。「文明開化」によって西洋文化や西洋の工業技術を積極的に取り入れ、「地租改正」で税制を整えて財源を確保、そして「殖産興業《しょくさんこうぎょう》」によって造船・造機工場や紡績所、鉱山などのさまざまな産業を立ち上げる。

こうして得られた新技術や資金、生産力をフル活用して強い軍隊をつくるというのが、おおまかな流れである。

日本が富国強兵を実現できた理由は単純で、こうした**改革を徹底的に進めることができた**ためなのだが、普通、これはなかなか難しい。

岩倉使節団の一員・旧佐賀藩士の久米邦武が帰国後に編纂した「米欧回覧実記」に掲載された1871年頃のシカゴ市庁舎。（写真引用元：『欧米回覧実記』）

というのも、制度を変えれば、それまでの制度によって利益を得ていた人々の反発が生まれるからだ。

下手をすれば内乱が起きる可能性もあり、現に19世紀から20世紀初頭にかけての他のアジア諸国では泥沼の内戦が勃発し、その混乱に乗じて西洋諸国によって国土を奪われたり、植民地にされたりしていたのである。

日本とほかの国の違いは、**国のトップたち自らが西洋の侵略に多大な危機感をいだいていた**ことだろう。

１８７１年から行われた岩倉使節団の西洋視察によってトップたちは自分の目で西洋の凄まじさを目の当たりにし、震え上がった。

「このままでは西洋の奴隷になってしまう」という現実味を帯びた危機感が、平時では不可能な大改革の原動力になったのだ。

アジアで最初の国軍の誕生

さて、こうして「富国」はスタートしたわけだが、肝心の「強兵」はどのように生み出されたのだろう。ここでも国を揺るがすほどの大改革が行われていた。

明治維新直後の日本各地には、江戸時代の諸藩がもつ軍事組織「武士団」が点在していた。明治政府はこの**武士団をすべて解体**してしまう。そして薩摩藩、長州藩、土佐藩などの明治維新の主役となった藩から人員を集め、**アジアで最初の国軍をつくった**のである。

一見、武士団をそのまま国軍にしたほうが、効率がいいように思える。しかし、そうもいかなかった。

武士団はいわば私兵の集まりで、近代的な訓練も受けておらず、自分の藩との結びつきが強かった。扱いづらいばかりか、放置しておけば軍閥化し、内戦の火種になる恐れもあったのだ。そうしたリスクを避けるには、一旦すべてをリセットする必要があったのである。

もちろん一部の士族は反発し、1877年には西南戦争が勃発してしまう。だが、それを乗り越えてでも国軍をつくる価値があった。

国軍のメリットは指揮系統が一本化され、訓練や武器を統一することができることだ。現に西洋諸国に蹂躙《じゅうりん》されていたアジア諸国の軍隊は統一がとれていない私兵集団だった。

西洋の軍隊と対等に渡り合うには、近代的な国軍の設立が必要不可欠だったのである。

意外と控えめな徴兵制度

国軍の創設とともに、兵力確保の手段として西欧式の**徴兵制度**も導入された。原則として国民に兵役の義務を課すことで、早い段階から少ないコストで大規模な軍隊を維持できたのも、日本が戦争に強かった理由のひとつだ。

徴兵制度は、どんなものだったのだろう。

徴兵の対象となったのは満20歳以上の男子で、４～５月頃に通知が届き、身長、体重、病気の有無などが検査され、合格者のなかから抽選で選ばれる仕組みだった。

太平洋戦争時には、７００万人以上の国民が戦争に駆りだされたという背景からか、徴兵制度には暗いイメージがついて回るが、開始されたばかりの明治初期はやや事情が違った。**合格のハードルが非常に高く、10人中１人か２人しか合格者が出なかった**うえ、一家の主や跡継ぎ、学生などは兵役を免除されることになっていた。兵役が国民の義務とはいえ、実際に兵隊になったのは少数派だったのである。

徴兵される人員が増え始めるのは外国との戦争が現実味を帯び始めた１８８０年代後半。１８８９年に一家の主も兵隊にとられるようになり、やがて徴兵の年齢が17歳に下げられ

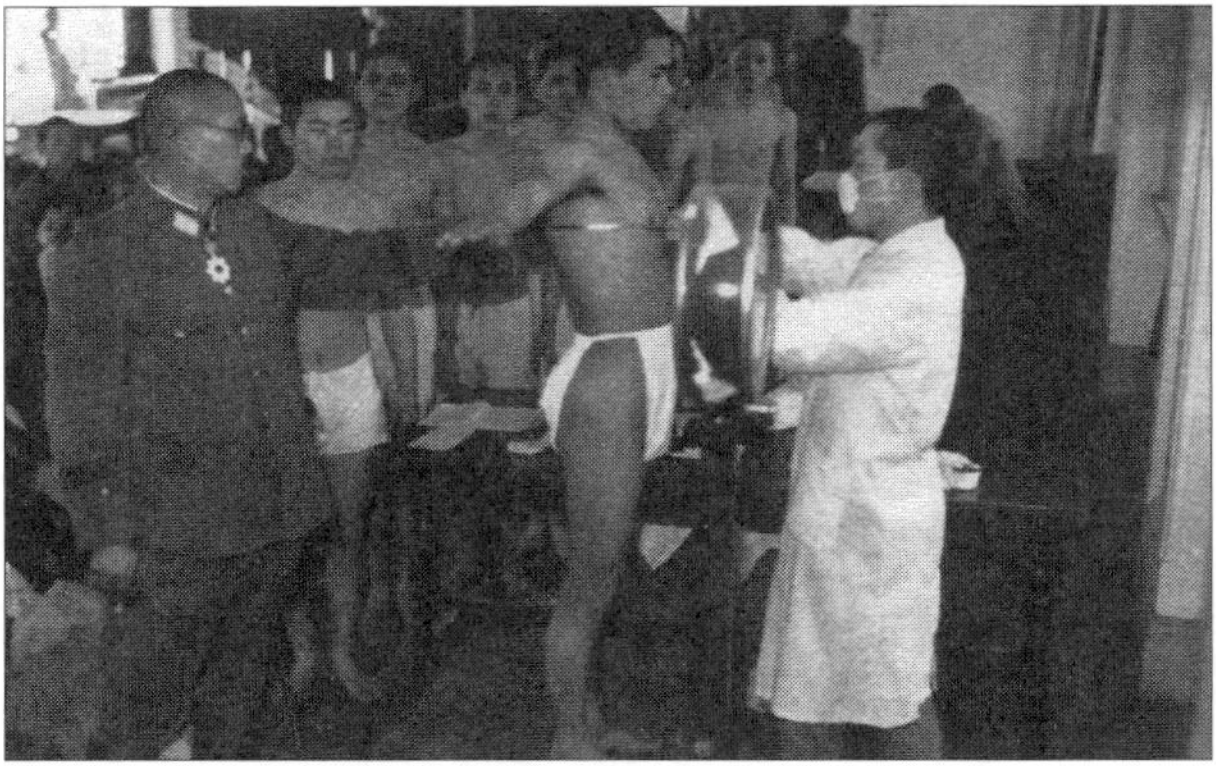
第二次世界大戦当時の徴兵検査の様子。(写真引用元:『一億人の昭和史3』)

た。昭和に入ると合格の基準も甘くなり、終戦間際の1945年には、徴兵検査を受けた者のうち**9割**が兵隊にされたのだった。

徴兵制度を嫌がる人々

ところで、徴兵制度が始まると、おかしな出来事が起き始めた。明治初期から中期にかけて、**養子縁組が異常なほど増加**したのである。

というのも当時の徴兵制度では、一家の主は徴兵を免除されるため、男のいない家庭に養子に入ってその家の主になり、徴兵を回避しようとした人々が続出したためなのだ。

「お国のために」とはいえ、実際は多くの国民が戦争になんて行きたくなかった。そのために編み出されたテクニックが養子縁組だったのだ。

この方法は1889年の徴兵制度の改正で使え

なくなるが、ほかにも色々な方法が生まれた。

病気の者は除外されるため、**検査の前に指を切ったり、骨を折ったり**することもあった。

肝不全を患うために醬油を一升飲んだという話が有名だが、これはデマという説も根強い。

また6年以上の懲役や禁錮《きんこ》刑《けい》を受けたことがある者は兵隊になれなかったため、**わざと犯罪を行う**者や、もっとシンプルに**〝失踪《しっそう》〟**する者も存在した。

現在の感覚からすれば、平和のありがたみをしみじみと実感できるエピソードである。

topic.13
【財閥】

日本の富の半分を牛耳っていた「財閥」とは？

トップの年収は500億円？

三菱や住友、三井、安田……。日頃、その商品やサービスのお世話になることも多いこれらの大企業は「旧財閥系」と呼ばれ、大日本帝国に存在した**「財閥《ざいばつ》」**がルーツになったものだ。

財閥とは、簡単にいうと一族経営の企業複合体。経営者一族の支配力が非常に強く、株式をほとんど公開していないのが特徴だった。

現在の旧財閥系のグループ企業には名だたる大企業が名を連ねているが、大日本帝国時代の財閥はそれとは比べ物にならない存在だ。

当時、三菱・住友・三井・安田は4大財閥と呼ばれ、終戦時のこれらの払込資本金（資本金に資本準備金を加えたもの）は日本全体の企業のそれを合計した金額の約半分。

三菱財閥3代目総帥・岩崎久弥。1893年から1916年にいとこの岩崎小弥太にその座を譲るまでグループを取り仕切った。

戦前に三井財閥のトップを務めた団琢磨。鉱山の採炭技術のプロフェッショナルとして才腕を発揮。三井財閥形成の原動力となった。

つまり、**たった4つのグループが日本の富の半分を牛耳っていた**ことになる。

財閥のトップの収入は想像を絶する。

大卒の初任給が50円前後だった1927年、三菱財閥の総帥だった岩崎《いわさき》久弥《ひさや》の年収はなんと431万円。個人が現在の感覚で500億円前後の年収を得ていたのである。

この年の長者番付の1位は岩崎久弥。そして8位まで**三菱・三井の関係者に独占**されていた。

彼らの資産がどれほど膨大だったかがわかるエピソードはまだまだある。三井財閥の理事長・団《だん》琢磨《たくま》は東京・原宿に広大な自宅をもっていたが、その**敷地内には国鉄の駅がふたつ**あったとされる。

また、安倍晋三《あべしんぞう》首相の母校である成蹊大学の約8万坪もの敷地は、三菱財閥の岩崎小弥太《いわさきこやた》個人が購入して寄付したものなのだ。

国が育てた怪物たち

日本中の富が集中した財閥は、どのように誕生したのだろう。

財閥の誕生には、明治維新後に政府が行った〝テコ入れ〟が大きく関係している。

開国によって国際市場に放り出された日本は、欧米の高い工業力に対抗するだけの産業をできる限り早く育てる必要があった。

けれど、国内企業の自由競争にまかせていては時間が足りない。うかうかしている間に国際市場からはじき出されるばかりか、国内の産業も欧米企業に乗っ取られる恐れがあったのだ。

そこで、明治政府は特定の商人や企業を**「政商」として優遇し、急速に成長させた**のである。

たとえば、三菱財閥（当初は三菱商会）も明治初期から活躍した政商のひとつだった。

創始者である岩崎弥太郎《いわさきやたろう》は土佐藩から下請けした船舶で海運業を営んでいた人物。

当時の日本国内の海運は、欧米企業の独擅場だったが、明治政府は保有していた船舶を岩崎に与え、ビジネスを拡大させた。

これによって三菱は欧米企業を駆逐し、巨万の富を築いたのである。

もうひとつ、財閥の成長と切っても切り離せないものがある。それは戦争だ。

戦争には膨大な物資が必要になるため、商人にとっては一大ビジネスチャンスだった。

事実、大倉財閥を一代でつくりあげた大倉喜八郎《おおくらきはちろう》は、戊辰・日清・日露などの戦争で、政府に**大量の銃を販売することで財をなした**。

先述の三菱の岩崎弥太郎も、西南戦争の際、政府軍の輸送を一手に引き受けることでさらなる財産を築いたのである。

一説に、西南戦争の戦費は4150万円といわれるが、そのうち約3分の1は三菱に支払われたものとされる。

こうした背景から、財閥は**「死の商人」**と批判されることもあった。けれど、その成長が留まることはなく、政府と癒着を続けながらいくつもの財閥が誕生していったのだ。

国民の怒りを買った財閥

政府と財閥の癒着は、海外との競争に勝利するためという大義名分があったものの、一言で言えばえこ贔屓《ひいき》だ。

さらに財閥のトップたちの**常軌を逸した資産家ぶり**への嫉妬もあり、民主主義が根付き始めた大正以降になると、国民の間に強烈な不満が芽生えるようになった。

そして発生したのが財閥を狙ったテロだ。

裁判を受ける血盟団事件の犯人たち。指導者の井上日召を含む、3名が無期懲役の判決を受けた。

1932年、右翼団体「血盟団《けつめいだん》」が三井財閥理事長の団琢磨を銃殺。1936年の、陸軍の青年将校たちによる2・26事件の動機のひとつも財閥の打倒で、政府首脳を殺害した後は、三井や三菱のトップを殺害する予定だった。

いずれも衝撃的な事件だが、2・26事件においては将校たちの逮捕後、日本中から減刑を求める郵便や電報が約130万通も寄せられた。それほど**国民の財閥への不満は大きかった**のだ。

財閥は日本の敗戦とともに姿を消した。GHQは、日本に大戦を戦うだけの国力があったのは財閥の戦争協力が一因だったと考え、**財閥を徹底的に解体**したのである。

三菱・三井を上回る財閥

こうして見てみると悪玉のように思える財閥だ

が、一概にそうとは言い切れない。

それを如実に示すのが明治時代後半から隆盛した新興の財閥・鈴木商店のエピソードである。

明治初期の鈴木商店は小規模な砂糖の貿易業者だったが、1886（明治19）年に金子直《かねこなお》吉《きち》が丁稚《でっち》として雇われると状況が変わる。

金子は類《たぐい》まれなる商才を発揮し、やがて第一次世界大戦が始まると鉄などの買い付けを始める。

戦争の影響で鉄の価格は瞬く間に暴騰し、絶頂期の鈴木商店は当時の**日本のGNPの1割**に相当する16億円もの売上を誇るようになる。これは三菱や三井を遥かに上回る金額だった。

ところが、第一次世界大戦末期の日本では、こうした戦争特需で財を成した資本家への反感や米価の高騰に対する不満が爆発し、商社や米商店への**焼き討ちが全国で多発**。これによって鈴木商店の本店も焼かれてしまう。

けれど、これは完全なとばっちりだった。

米価の高騰の原因は、商社が米を過剰に輸出していたことだったが、金子は逆に海外産の米を輸入し、**米不足を解消しようとしていた**のだ。

また、第一次世界大戦末期は世界的に鉄が不足し、欧米が鉄の輸出をストップしたため、日本の重工業は壊滅の危機に直面していた。

米騒動の焼き討ちで全焼した鈴木商店。金子がその知らせを聞いたのは、鉄の輸入再開交渉に向かう道中だった。鈴木商店はやがて没落し、倒産した。

これを救うために奔走し、アメリカから鉄を輸入する契約を成立させたのも金子だったのである。

そんな金子の生活は極めて質素で、家は借家、居間には一枚の世界地図が貼ってあるだけだったという。

金子のケースは一例だが、財閥の貢献は日本の発展や国民の豊かな生活になくてはならないものだったのだ。

第3章 大日本帝国国民の驚きの日常生活

富士山を見ながらのラジオ体操(写真引用元：写真週報創刊号)

topic.14
【ライフスタイル】

デパート、サラリーマン……、現代型ライフスタイルはすでに健在？

おしゃれで華麗なモガとモボ

現在の東京のイメージを外国人に尋ねると、「都会的」「流行やサブカルの発信地」などの答えが返ってくるという。

では大日本帝国時代の東京のイメージは、となると日本人でも答えが分かれそうだ。日本男児や大和撫子《やまとなでしこ》が闊歩《かっぽ》し、古風で堅実な生活が送られていたのだろうか。

意外とそんなことはない。大正時代の東京には大衆文化を象徴する存在として、モダンガールとモダンボーイ、通称**モガ・モボ**がいた。彼らはファッションリーダーのようなもので、その服装は今から見てもとても大胆だ。

モガは耳が隠れるくらいのショートカットが特徴で、真っ赤な口紅を塗り、当時としては極めて大胆な膝丈のスカートとハイヒールを着用。派手な花柄やチェックの衣服が好まれた。

昭和初期のモガ。当時人気のハリウッド女優ポーラ・ネグリと似たスタイル。（写真引用元：『朝日日本の歴史』）

大正中期〜後期に撮影されたモダンボーイ。（写真提供：ホームページ　昭和からの贈りもの）

モボはシャツとセーラーズボン（水兵が穿く裾が広いズボン）を着こなし、カンカン帽子をかぶり、ステッキをもつのがトレードマーク。

銀座や心斎橋などの盛り場には、こんな華やかな装いの人々がそぞろ歩いていたのである。

モボはともかく、戦前は男尊女卑が根深かったので当時の女性にとってモガ風のファッションは非常に勇気が必要だった。

長い黒髪は古くから女性の象徴とされ、切らずに結い上げるのが伝統だったため、特に**ショートカットには風当たりが強かった**ようだ。

ショートカットの元祖は、読売新聞社の記者・望月《もちづき》百合子《ゆりこ》といわれるが、彼女が髪を切った際は、人々から「見世物小屋の猿を見るような」視線が寄せられたという。さらには**ショートにした生徒が退学**になった女学校もあった。

現代の女性のおしゃれは、約100年前の女性たちの勇気が切り開いたのである。

デパートが娯楽の殿堂?

ショッピングの様子はどうだったのだろう。

明治時代前半までの小売店は、江戸時代の流れを引き継ぎ、着物なら着物、履物なら履物と、ひとつのジャンルを専門に扱う店ばかりで、売り買いの様子も現在とは大きく違った。まず、商品が陳列されていない。客は店員に欲しいものを伝え、店員が奥から商品をもってくるというシステムで、値札も存在せず、常連客か一見の客かで値段が変わることもあった。

この風潮を変えたのが、1890年代から次々と開店した**三越、松坂屋などのデパート**だ。バラエティ豊かな商品が陳列され、値札もしっかりつけられたデパートは、日常の買い物を娯楽に変えた。

当初は土足厳禁だったりと、現代との違いが目立ったが、1935年頃の三越を見てみると、エスカレーターやエレベーターがあり、レストランや劇場、屋上には庭園などの娯楽設備も用意されるなど、現在とほとんど同じ。

31年の時点で全国の10万人以上が暮らす30の都市のうち、24には大規模なデパートがあり、週末は家族連れでとても賑わったという。

1910（明治43）年に近代的なデパートとして開店した「いとう呉服店」。1925（大正14）年に「松坂屋」に改称した。

現在は郊外のアウトレットモールなどの強力なライバルが登場しているものの、一昔前まで「週末に家族でデパート」は王道ともいえる娯楽だった。こうしたライフスタイルは、戦前にはすでに根付いていたのである。

当時から離婚大国だった日本

戦前日本といえば恋愛に関してお堅いというイメージがあるが、当時のマスコミが**男女交際を盛んに推奨していた**と聞いたら驚くだろうか。

1887（明治20）年の女性誌「女学雑誌」は**「結婚前に恋愛をすべき」**という記事を掲載。同年の「時事新報」には**「接吻の習慣を起すべきである」**と、なんとキスを推奨しているのだ。

実は、明治時代の婚姻はほとんどがお見合い結婚で、農村などでは、親同士が勝手に結婚を決めるケースが多々あった。

恋愛せずに結婚なんて、と思うかもしれないが、当時の結婚は「家に労働力を補充する」という側面が強かったのである。

そのような背景があったため、配偶者が気に入らなければすぐに追い出すということが多発し、**離婚の増加が深刻な問題**になった。

また、結婚相手をよく知らないため、性格の不一致からの離婚も多かったという。

１８８３年の人口１０００人あたりの離婚件数（離婚率）は３・39。２０１８年は１・66だ。３・39という数字は当時の外国と比べても非常に多く、日本は世界有数の離婚大国だったのだ。

当時のマスコミが恋愛を推奨したのは、結婚前に相手と人間関係を築いたり、相性を確認したりして**離婚率を減らす狙いがあった**。

こうした状況が改善されたのは１８９８年。民法が施行され、25歳未満の者の離婚には、双方の親の承認が必要になり、離婚率は減少した。

けれど、その反動なのか、結婚相手の収入などを吟味するようになり、昭和になると**晩婚化が進行**した。戦前の結婚も、さまざまな問題を抱えていたのである。

昭和初頭に撮影されたサラリーマンたち。ワイシャツにネクタイと、現代と変わらないスタイルだ。(写真提供:嵐よういち氏)

意外な戦前のエリート職業

さて、ファッションや娯楽、恋愛事情をみてきたが、職業にはどんな特徴があったのだろう。

明治時代以降、多彩な企業が登場し、職業の種類も豊富になってきた。そんな中、最ももてはやされた職業は、意外なことに企業の増加とともに登場し始めた**サラリーマン**だった。

現在でこそ一般的な職業で、あえて「夢はサラリーマン」と語る若者は少ないかもしれない。が、当時のサラリーマンは現在とはかなり違った。

戦前は農業人口が非常に多く、1930年の国勢調査では、職業人口におけるサラリーマンの割合は約7%。大学や専門学校を卒業した者が就く、**一握りのエリート職**だったのだ。

そのため給料も非常によかった。1929年ごろの一世帯の平均年収は800円程度だったが、大企業の課長クラスの年収は約1万円。現在の感覚で年収5000万円くらいになる。

だからこそ、サラリーマンはよくモテた。1927年の結婚紹介所の調査によると、女性が結婚したい職業は、現在も人気の医師が3位、公務員が2位ときて、**サラリーマン・銀行員が1位**だったのである。

ちなみに月給で生活をしていた点では軍人も同様だったが、高級士官を除けば彼らは非常に貧乏だった。

「貧乏少尉、やり繰り中尉、やっとこ大尉」という言葉があり、大尉になってようやく人並みの生活ができるという有り様。

大尉といえば軍の中堅ポジション。それでも裏長屋に暮らしていたり、ツケの催促を居留守で誤魔化したりする家庭もあったという。

戦前は軍人が我が物顔で練り歩いていたイメージがあるが、意外と苦労人だったのである。

topic.15
【食文化】

最初のカレーにはカエルが入っていた？

大変だった肉食の黎明期

現在ではとても身近な食べ物になった「肉」。けれど、中世から近世にかけて**日本には動物の肉を食べる文化が存在しなかった**。狩猟などで得た肉を食べる風習はあったので、完全に人々が肉を食べなかったわけではないが、現代ほど一般的ではなかったのは確かだ。

明治時代の文明開化によって、日本の食文化も大きく変化。なかでも最も劇的な変化は、肉食が日常的になったことだろう。

とはいえ、人々はこの変化に大いに困惑した。

肉を販売するには、動物を殺さなければならない。だが、そもそも食べるために家畜を殺すという習慣がなかったほか、仏教の影響で肉は〝穢《けが》れている〟という意識が強かったため、

明治初期の牛鍋屋の光景。当初はゲテモノ扱いだったが、年月とともに普及していった。（仮名垣魯文著「牛店雑談安愚楽鍋」・横浜開港資料館所蔵）

牛一頭さばくのにも大変な騒ぎだった。

明治生まれの歴史家、樋口清之《ひぐちきよゆき》の記録によると、牛をさばくときは、青竹を4本立てて御幣《ごへい》を結び、しめ縄を張り巡らせた〝結界〟のなかで殺したという。余った骨や皮などは土に埋め、お経を上げたというから、驚きである。

明治時代に大ヒットした牛肉料理といえば、現代のすき焼きに似た**「牛鍋」**が有名で、そこかしこに牛鍋屋が軒を連ねたといわれるが、当初は敬遠されることも多かった。

単純に血抜きの技術が不完全で、煮炊きすると臭かったということもあるらしい。

そんななかで率先して肉を食べ、肉食文化を日本に根づかせた人物が、**明治天皇**である。

だが、明治天皇が肉を好んだかといえば、そんなことはなく、むしろ苦手だったといわれる。

しかし西洋人との会食の機会が多々あり、そう

戦前の食堂の風景。カレーライスやカルピスなど、ハイカラな食べ物も食べられた。(写真引用元:『私的昭和史桑原甲子雄写真集上巻東京戦前篇』)

いった席に並ぶ料理は肉料理が中心の西洋食であることから、泣く泣く食べていたそうだ。

人々が肉食を受け入れた背景には、こうした天皇の涙ぐましい努力があったのである。

国民食カレーライス登場

国民を困惑させた食生活の西洋化だが、浸透し始めると食卓は飛躍的に豊かになっていく。

そして、現在でも馴染み深い洋食メニューが食堂や家庭でも食べられるようになった。

そんななかで大人気を博したメニューが、**カレーライス**である。

カレーが庶民に広まったのは明治後半のこと。現在では国民食として確固たる地位を確立しているが、日本に入ってきたばかりの頃のレシピは驚くようなものだった。

1872（明治5）年出版の『西洋料理指南』は日本で初めてカレーのレシピを紹介した書籍。そこには使用する食材として「ネギ・ショウガ・ニンニク・バター・エビ・タイ・カキ・鶏・**アカガエル**・小麦粉・カレー粉」などと書かれている。

アカガエルが食材になるのは驚きだが、カエルの食感は比較的鶏肉に似ているので、意外と違和感はなかったかもしれない。

また人参やじゃが芋、玉ねぎなどの現在のカレーになくてはならない野菜が使われていない。

これらの野菜は、江戸時代の日本ではほとんど作られておらず、明治以降に北海道などで栽培が始まったもので、一般的ではなかったのだ。

ちなみに太平洋戦争が始まると、英語の使用が控えられたため、カレーライスは**辛味入汁**《からみいりしる》**掛飯**《かけめし》と呼ばれていた。

国民食カレーにも、さまざまな変遷《へんせん》があったのである。

大量の白米を食べていた

昭和初期の一般的な家庭の献立を見てみると、ある晩のおかずは「カツオの生姜焼き」「湯豆腐」「小茄子丸煮」などなど。この時期になると国民の食生活は現代とあまり変わらない。

しかし、ひとつ全く異なることがあった。**白米の消費量が圧倒的に多かった**のである。現在の日本人は1人あたり一年間に約360合（約54キロ）の白米を食べているが、1929（昭和4）年の消費量は**1人年間約1100合**（約165キロ）にもなったという。

同時期の家計簿を見ると、収入に対する食費が30％前後だが、そのうち米や麦が15～20％。おかずを増やせば、食費は増える。食費における米代が多かったということは、その分、家計に余裕がなかったということだ。

ちなみに、さらに歴史をさかのぼってみると、平安時代には1日に5合、戦国時代には10合も米を食べていたという記録もある。

食文化が多様化した証ともいえるが、現代は日本の歴史のなかでも特に米を食べない時代なのかもしれない。

食習慣が生んだ死の病

白米を大量に食べる当時の食生活は、死をもたらす恐ろしい国民病の原因でもあった。それは**脚気**《かっけ》である。

この病気は、神経や筋肉を正常に保つための栄養素であるビタミンB1が不足することによって発症し、下半身が痺《しび》れ、最悪の場合、心不全で死に至ってしまう。

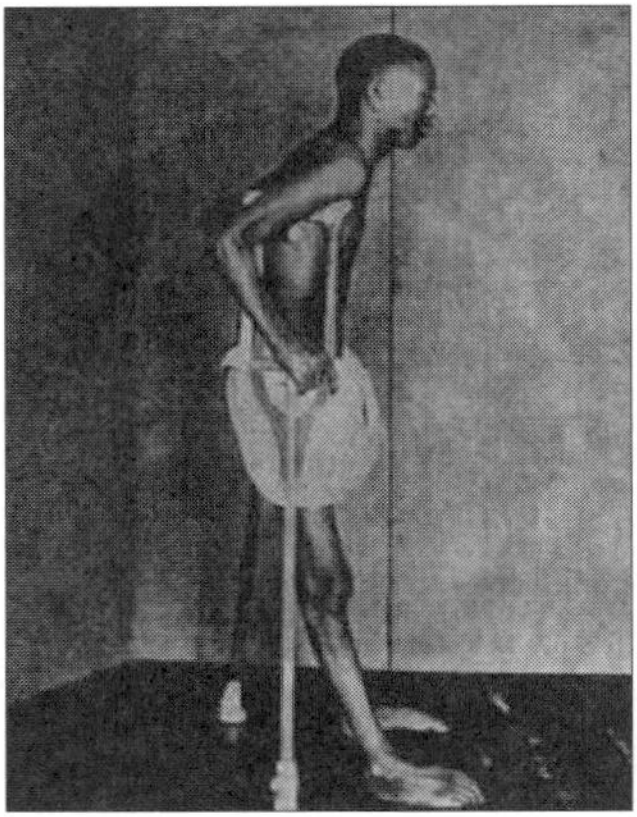

重度の脚気患者の一例。神経障害が起き、歩行が困難になってしまい、やがて心不全などで死んでしまうケースもある。

明治時代から一般的になった白米は、精米して胚《はい》芽《が》が取り除かれているため、ビタミンB1がほとんど含まれていない。

さらにおかずが十分ではなかったため、明治から昭和にかけて**年間1～3万人の脚気による死者が出ていた**のだ。

脚気は、ビタミンB1を摂取すれば簡単に予防できる。

だが、当時はビタミンという概念が存在せず、脚気は伝染病であるという考えが主流だったため、有効な対策がとられなかったのだ。

この誤解は、戦場においても大きな被害をもたらした。

明治時代から軍は脚気に悩まされていたが、経験から白米を麦飯に変更すると脚気患者が減ることは知られていた。

そのため麦飯の導入を推進する動きがあったの

だが、ある人物によって「科学的根拠がない」と否定されてしまう。

あくまで脚気は伝染病であると考えていた軍医・**森《もり》林《りん》太郎《たろう》（森《もり》鴎外《おうがい》）**である。

その結果、日露戦争でも白米が兵食として出され、動員された約１００万人の兵士のうち、約25万人が脚気にかかり、**約２万７０００人が死亡**してしまうのである。

もちろん森にしても脚気を克服するため真剣に考えた末の判断だったのだが、日露戦争全体の戦没者は約９万人であるから、極めて事態は深刻だ。

脚気の原因がビタミンＢ１の不足であるとわかったのは１９２０年代。以降、予防法が確立されていくがなかなか定着せず、脚気の死亡者が１０００人を下回るのは、終戦後の１９５０年代後半になってからのことだった。

topic.16
【貧困】

戦前に存在した空前絶後の格差社会とは？

驚くべきスラムの生活

驚異の経済成長によって世界有数の大国になった戦前日本。明治時代から比較的豊かで文化的な生活が営まれていたイメージがあるが、それはあくまで一部の出来事だ。貧しい人々の生活は非常に過酷で、現在とは比較にならないほど壮絶な格差社会が存在した。

明治時代の東京には、江戸時代から続く貧民窟《ひんみんくつ》、いわゆるスラムが無数にあった。なかでも**三大貧民窟**と呼ばれた下谷万年町《したやまんねんちょう》（上野駅周辺）、芝新網町《しばしんあみちょう》（浜松町駅周辺）、四谷鮫河橋《よつやさめがはし》（赤坂離宮周辺）で営まれていた生活は凄まじい。

住民は日雇い労働者や未亡人、被差別民など。

彼らの一般的な労働は人力車の車夫などで、その給料が朝から晩まで働いて1日2〜10銭（1886年当時）との記録もある。

1カ月フルに働けば最高で約3円だが、同年の教員の初任給は5円とも、8~9円ともいわれるので、かなり経済的に苦しかったはずだ。

彼らの多くが木賃宿《きちんやど》と呼ばれる粗末な宿泊施設で暮らしていたが、大部屋に老若男女がぎゅうぎゅう詰めになって雑魚寝する形式だった。

プライバシーは皆無で、衛生状態も劣悪。体中をシラミや南京虫が這《は》いまわり、ときにはコレラなどの伝染病が発生することもあった。

そんな彼らの食卓を支えていたのが「残飯屋」である。軍の兵営や学校などから出る大量の残飯を引き取り、食料として売る商売だ。

タクワンの切れ端や魚の骨、水で洗った白飯など、ほとんど食べ物とは思えないようなものばかりだったが、残飯屋には連日人が詰めかけ、大変な賑わいをみせていた。

このような生活を送る人々は戸籍がない場合もあり、数を把握するのは難しい。あくまで参考として、50年後の1929年の行政調査の統計を紹介すると、行政の援助が必要な貧困層は東京だけで40万人もいたという。

ゴミ箱を寝床にする人々

しかし上には上がいる。スラムの住民たちは貧しいとはいえ住む場所や職業をもっていた

東京に設置された塵芥箱。1900年に交付された「汚物掃除法」によって設置が始まり、東京オリンピックを控えた1959年に撤去されるまで、野外のゴミ箱のモデルとして引き継がれた。(写真提供:千代田区広報広聴課)

が、それすらもたない者もいた。

ドイツ語で「ボロ切れ」を意味する**ルンペン**と呼ばれる人々である。

現代風にいえばホームレスなのだが、1922年に草間八十雄《くさまやそお》という記者が彼らの寝床事情を調査しており、それが非常に興味深い。

現代ではダンボールハウスで眠ることが多いが、当時はそんな気の利いたものはなかった。

そこで彼らが寝床としてよく利用したのが、塵《じん》芥箱《かいばこ》という街頭に設置されたゴミ箱だった。

悲惨な話に聞こえるが、どうもかなり快適だったようだ。

塵芥箱はちょうど人が一人入れるくらいの大きさで、蓋がついていて雨風をばっちりと防ぐことができた。

眠っている間に残飯を放り込まれることもあり、食住がセットになった便利な寝床だったというの

1929年に行われた大阪市西成区釜ヶ崎の貧民調査の様子。まるで難民キャンプのような光景だ。（写真引用元：『朝日クロニクル週刊20世紀1929』）

である。

　このように貧困層が非常に多かった背景には、現代の**生活保護のような社会福祉制度がほとんど整備されていなかった**という事情がある。

　明治時代には恤救《じゅきゅう》規則《きそく》という救貧制度があったが、原則的に身内同士での相互扶助を推奨するものでほとんど効果はなかった。

　また、１９２９年に、貧しくて生活ができない者に生活費や医療費などを支給する「救護法」という法律がつくられたが、対象となるのは高齢者や重病人など、かなり限定的だったため、こちらも根本的な解決にはならなかった。戦前日本には出口のない貧困が渦巻いていたのである。

農村で多発した人身売買

都市部の貧困は実に深刻だったが、一方で地方

農村の掲示板に貼りだされた人身売買のビラ。
（写真引用元：『朝日日本の歴史』）

の農村はどうだったのだろう。実は農村は農村で、非常に厳しい状況だった。

そもそも戦前日本の農村は、**都市部に比べると1世紀遅れている**と思えるほど開発が進んでいなかった。

電気はおろか、水道やガスも通っていない農村も多く、水を川まで汲みに行ったり、薪で煮炊きをしたりすることが一般的だった。

さらに、干ばつなどによる不作や、不況で作物の値段が下落すると、途端に行き詰まってしまうような不安定な生活が営まれていたのだ。

昭和初期、そんな農村に大打撃を与える事件が起こった。１９２９年の**世界恐慌**である。

これによって日本全体が大不況に見舞われ、当時の物価は20～30％も下落。なかでも農作物への影響が深刻で、米の価格に至ってはなんと**半値以下**になってしまったのだ。

昭和初期に撮影された、大根をかじって飢えを凌ぐ農村の子ども。（写真引用元：『朝日日本の歴史』）

結果として多額の借金を抱え込む農家が続出し、さまざまな社会問題が発生する。

学校に弁当をもっていけない「欠食児童」や「一家心中」など、悲惨なものばかりだが、とくに問題視されたのが、農家の娘の**「身売り」**だった。

つまり、食うに困った親が金銭や口減らしのために娘を売り払ったのである。

表向きは女中奉公に出すという形だったが、実際のところ娘が行き着く先は都市部の**売春宿**。

警視庁の調べでは、世界恐慌が起きた１９２９年の1年間だけで、６１３０人もの少女が東京に売られたという。

この身売り、どれくらいの相場かというと、時期によって大きく異なるが、昭和初期の場合は約１００円。そこから斡旋《あっせん》業者の手数料が引かれるので実際に親が手にするのは約50円だった。これを現在の価値にすると、**たったの十数万円**である。

現在の感覚だと、あまりに無情な話だが、それほど農村の暮らしは過酷だったということだ。

戦争は貧困から始まった？

昭和初期から日本の軍国主義は加速していくが、その原動力のひとつはこうした農村の窮状だったといわれる。

当時の軍には農村出身者が多く、農村がいかに厳しい立場にあるかがよく知られていた。日本の軍国化を象徴する事件として1932年の5・15事件や1936年の2・26事件などの、軍の青年将校によるクーデター事件があるが、彼らが立ち上がった動機のひとつは農村の窮状を改善することだった。

クーデターは失敗に終わるものの、政治家たちに「軍に逆らったら殺される」という恐怖感を植え付けた。

これにより軍部の暴走は歯止めが利かなくなり、一方で多くの国民はそれを支持していく。

いかに軍部が強大な権力をもっていても、国民がついていかなければ戦争はできない。

軍国主義が貧困から生まれたといわれるのは、このような背景があったためなのだ。

topic.17
【社会問題】

交通事故、少年犯罪、受験戦争……、戦前の社会問題とは？

恐怖の「交通地獄」とは？

現在でこそ自動車大国と呼ばれる日本に、初めて自動車が輸入されたのは1897年のこと。

さらに1899年に皇太子（後の大正天皇）の成婚を祝い、アメリカの日系移民が自動車をプレゼントすると、これを皮切りに国内の自動車数は飛躍的に増加していく。

1921年に2万7526台だった保有台数は、35年頃には11万台以上にまで増加した。生活は便利になったが、自動車の普及はある社会問題を生んだ。それは**交通事故**である。

2018年の交通事故の死亡者は3532名なのに対し、1930年は525名。この数字だけみると戦前の交通事故は軽微に思える。

だが、現在の自動車保有数は約8000万台。保有数の比率で単純に比較すれば、交通事

1898年に日本で撮影されたフランス製ガソリン自動車、パナール・ルヴァッソール。日本に最初に輸入された自動車のひとつとされる。

故死は**現在の100倍以上も起こりやすかった**のだ。

昭和初期には**「交通地獄」**という言葉も生まれた。交通事故による死者が多発した原因は信号や道路の整備が未熟だったこと、またシートベルトがなかったことなどが考えられる。

ちなみに大正天皇に贈られた日本最初期の自動車は、試運転の際にブレーキ操作を誤って事故を起こし、道端に乗り上げてしまったという。

未知のものだけに運転できる者がいなかったのだ。これは日本で最初の交通事故でもある。

もっとも多発した犯罪とは？

2017年に起きた犯罪91万5042件（刑法犯の認知件数）のうち、もっとも多かったのは「窃盗」で、65万5498件と全体の7割強を占める。

では、戦前はどんな犯罪が多かったのだろう。

明治中期に撮影された丁半賭博の様子。(写真提供:放送大学附属図書館)

それは「**単純賭博**」。賭場《とば》で賭け事をするという罪状で、全体の約50％にものぼった。

賭博犯が多かった理由は、公営ギャンブルが現在ほど豊富ではなかったためとされる。

競馬は開催されていたが、競輪やオートレースが登場したのは戦後のこと。パチンコは1930年からあったが、規模は大きくなかった。

そのため博徒が仕切る賭場で、丁半博打《ちょうはんばくち》などに興じるバクチ好きが多かったのである。

博徒は暴力団のルーツのひとつだが、賭場《とば》の雰囲気は意外とおおらかだったらしい。

賭場の人気がなくなれば博徒も困るため、客が気持ちよく遊べることを大切にし、無謀な賭けをしようとする客をたしなめることもあった。

賭場は街のあちこちや農村にもあり、気楽なレジャー感覚で楽しまれていたのだ。

また、逮捕されても軽微な罰金の場合がほとんどで、社会の秩序を乱す犯罪でもなかったことも賭博が広く行われた要因のひとつだろう。公営ギャンブルが発達するとこうした賭場は姿を消し、賭博犯も激減した。一方で、それは博徒を〝失業〟させることになり、恐喝や薬物の密売などに手を染める暴力団の誕生の一因になったとされる。

現在より凶悪だった少年たち

もうひとつ、戦前の犯罪で特徴的なのが、**凶悪な少年犯罪が多い**ことだ。

1930年代に発生した少年（20歳未満）による殺人は、おおむね年間100件以上にのぼる。たとえば38年の殺人件数は161件だ。

近年では年間100件を上回ることはほとんどなく、当時の日本の人口は現在の半分程度であることを考慮すれば、戦前の少年犯罪の発生率はかなり高いといえるのだ（ただし、少年による殺人件数が最多だったのは終戦後の1951年と61年に記録された年間448人）。

戦前の義務教育は小学校までだったので、小学校を卒業すると働きにでるケースが多かった。また貧富の差が激しく、日々の食事に困るような少年がいたことも背景にある。

若いころからこうした世知辛い社会に触れる機会が多かったことが、少年犯罪が多発した理由のひとつかもしれない。

ちなみに、**小学生による殺人事件も多かった**。1928年6月には賭け事をしていた小学4年生が、14歳の工員の少年をトラブルからナイフで刺殺している。

これはごく一例で、現在なら社会が震撼《しんかん》するような殺人事件が年に何度も起きていたのである。戦前の子どもが純朴で、現在の子どもは荒んでいるというイメージは幻想に過ぎないのだ。

また、当時の小学生事情でもうひとつ興味深いのが、喫煙率の高さである。明治時代前半は喫煙の年齢制限がなく、**小学校の教室では教師も生徒もタバコを吸う**ため、窓をあけて換気しなくては授業ができないほどだったという。

1900（明治33）年に未成年者喫煙禁止法が施行され、20歳未満の喫煙が禁止されるが、この法律がつくられた理由は「学校での喫煙は秩序を乱すため」というもの。驚くべきことに健康に有害だからという理由ではなかったのだ。

戦前にも受験戦争があった

日本は昔から教育熱心な国で、明治時代末期の**小学校の就学率は98％**と、世界とくらべてもきわめて高い水準を維持していた。

だが先述の通り、義務教育は小学校までだったため、その上の旧制中学に入学する児童は

学校で授業を受ける戦前の子どもたち。現代同様、苦労や悩みと無縁ではなかった。（写真引用元：『戦時下写真ニュース1文化生活編S11〜12』）

少数派だった。

大正時代に入ると、経済的に余裕のある家庭が増え、中学への進学希望者が急増していく。

1920（大正9）年における進学希望者は4万7000人だったが、24年には7万3000人に増加。

希望者が増えても中学校の数が増えるわけではないので、もちろん競争は過酷になる。すると、**現代顔負けの受験戦争**が生じるようになったのである。

その過熱ぶりはなかなか凄まじい。家庭教師をつけ、睡眠時間を削りながら一日のほとんどを勉強に費やす児童も少なくなかった。

それでも受験に失敗した児童は**小学校卒業にして〝浪人生〟**になり、さらに勉強に励んだ。

1919年の中学合格者は現役生よりも浪人生の方が多かったという。

受験勉強の過酷さからノイローゼになってしまう児童もいた。１９３４年、ある中学生が通り魔事件を起こして逮捕されている。

彼は小学生のころから連日深夜まで猛勉強に励んでいたが、やがて受験のプレッシャーから神経衰弱になり、人を切りつけないと眠れない体になってしまったのだという。

通り魔行為は夜な夜な繰り返され、27名の女性が重軽傷を負った。

現在でも受験のために過密なスケジュールで塾に通い、ストレスでボロボロになる児童が多い。こうした社会の問題は、今に始まったことではないのだ。

topic.18
【戦前のウラネタ】

街なかの薬局で覚せい剤が買えた？

戦前の国民的「栄養剤」

激務が多い社会人の味方といえば栄養ドリンクだが、戦前にも似たようなものがあった。1941年に大日本製薬（現在の大日本住友製薬）から発売され、その抜群の〝疲労回復〟効果から大人気を博した**「ヒロポン」**である。

昭和前期に活躍した作家・坂口安吾《さかぐちあんご》はこんなことを書いている。

「ヒロポンを用いて仕事をすると、3日や4日の徹夜ぐらい平気の代りにいざ仕事が終って眠りたいという時に眠ることができない。眠るにはウイスキーを一本半か二本飲む必要がある」

ちょっと効きすぎなのではないか、と思われるかもしれないが、それもそのはず。ヒロポンの主要成分はメタンフェタミン。これは**覚せい剤の別名**なのだ。

ヒロポンのアンプル10個セット。1949年の価格は一箱81円50銭、現在の価値にすると1個400円程度であった。

メタンフェタミンを摂取すると中枢神経《ちゅうすうしんけい》が刺激され、疲労を感じずに長時間活動できる。一方で強烈な依存性があり、繰り返し摂取していると被害妄想や幻聴、肝機能の低下などを引き起こし、廃人になるのはご存知の通りである。

けれど、当時は副作用について詳しくわかっておらず、規制という考え方自体が存在しなかった。そのため**印鑑さえ持っていけば薬局で簡単に手に入った**のである。

その手軽さから、ヒロポンは栄養ドリンクのように、タクシー運転手や受験勉強の学生など、長時間の作業を行う人々に重宝されていたのだ。

さらに、終戦を迎えると軍が貯蔵していたヒロポンが闇市に流出。酒やタバコなどが手に入りにくい時代だったため、ヒロポンは安価な嗜好品として乱用され、**中毒者が続出**してしまう。

そして1951年に覚せい剤取締法が施行さ

れ、麻薬として規制されたのだった。

国公認の売春婦も存在した

現在は違法行為でも、戦前は合法だったものはまだまだある。

とくに有名なのは売春だろう。「公娼制度《こうしょうせいど》」というものが存在し、**売春は国に認められた立派な産業**だったのである。

売春宿の経営者も売春婦も国の認可をうけており、そうした売春婦は公娼と呼ばれた。売春宿は国が指定した一定のエリアに集まっており、その一帯は「遊郭《ゆうかく》」と呼ばれていた。

東京の吉原や大阪の飛田新地が有名だが、ほとんどの大都市には遊郭があった。

1930年時点で全国に5万2117人の公娼がいたというから、かなり大規模な産業だったことがうかがえる。

遊び方は現代とほぼ同じ。写真を見て気に入った女性を指名する形式で、1930年ごろの相場によると、泊まりが3〜10円（現在の1〜3万円）、4時間コースはその半額程度だった。

男性にとっては実にポピュラーな遊びだったようで、20歳になった男子が受ける徴兵検査のアンケートでは、実に**9割以上が売春婦と遊んだことがある**と回答している。

売春宿のなかには、写真と違う女性を出すなど問題のある店舗もあったといわれるが、この辺りはいつの時代も変わらないようである。

だが、公娼の多くが貧しい農村部から身売りされた女性で、ほとんど自由のない生活を強いられていたという暗い側面もある。

敗戦を迎えた翌年にはGHQが民主化改革の一環として、公娼制度を廃止させたのだった。

コスプレ風俗や援助交際も

公娼制度があった一方で、モグリの売春も盛んだった。とくに**私《し》娼窟《しょうくつ》**という売春地域は、公娼とはまた違った趣きで人気を博していた。

その特徴は、まず値段が安いこと。東京一の私娼窟といわれた**玉《たま》ノ井《い》**では、もっとも簡易な売春宿で1時間1円5銭。吉原の最安値のさらに半分で遊ぶことができた。

さらに、現代のイメクラに似たサービスを行っていた。吉原などの遊郭は着物姿に日本髪の古風なスタイルが一般的だったが、玉ノ井では女学生姿やカフェの女給、モダンガールなど、当時の男性の憧れともいえる格好で接客したのだ。**日本人は昔からコスプレ好き**だったようだ。

もうひとつ、戦前の風俗産業で避けて通れないものに「カフェ」がある。

昭和初期のカフェの様子。余談だが、普通の喫茶店もカフェという名で存在していた。（写真引用元：『シリーズ20世紀の記憶大日本帝国の戦争』）

カフェが風俗というと変に感じるかもしれないが、昭和初期のカフェは現在のキャバクラに近いものだった。

キレイどころの女給がアルコールを提供したほか、営業時間も深夜まで。さらにはチップ次第でキスができたり、乳房を触れたり、スカートに開けた穴から陰部を触れたりする性的なサービスを行っていた。

女給たちは基本的に無給で、チップが収入源だった。そのため店外デートや現在でいう援助交際も当たり前に行われていたという。

カフェも非常に繁盛し、１９３５年前後の東京には約１万５０００店もの店舗があった。

戦前のヤクザの実態とは？

現在と比べ、薬物や売春など「裏社会的なもの」

吉田磯吉。近代ヤクザの元祖ともいわれ、1915年（大正4年）の衆議院議員当選以来、1932年（昭和7年）まで議員を務めた。（写真提供：国立国会図書館『吉田磯吉翁伝』）

の扱われ方がだいぶ違っていた戦前日本。それは裏社会の象徴であるヤクザも同様である。

なにせ**ヤクザの親分が国会議員**になるケースもあったのだ。なかでも、とくに有名な〝ヤクザ国会議員〟が吉田磯吉《よしだいそきち》である。

現在でこそヤクザは社会悪の代名詞だが、当時は任侠者《にんきょうもの》と呼ばれ、**地域の秩序を維持するためには不可欠な存在**だった。

度重なる戦争や急速な経済成長によって住民間のトラブルや労働問題などが日常茶飯事だったが、こうした警察などの権力が介入しづらい問題を解決する役割を担っていたのである。

福岡県の筑豊《ちくほう》で活動していた吉田磯吉も、地元の荒くれ者を束ねる任侠者のひとりだった。

彼は次第に北九州一帯の炭鉱関係者を従えるまでに勢力を拡大。やがて各地の親分とつながりをもち、全国的な影響力をもつようになる。

そして1915年に衆議院選に打って出ると**福岡県トップの得票数を得て当選**したのである。吉田は国政の場でも任侠者としての手腕を存分に発揮。その代表例が1921年に起きた通称「郵船会社事件」の解決劇である。

この事件は、明治後期から昭和前期の代表的な政党・政友会が起こした政治スキャンダルだ。政友会は利権の拡大のため、国策会社の日本郵船株式会社の株主総会に右翼団体を送り込み、力ずくで会社を乗っ取ろうとした。

計画を事前に知った吉田は部下たちに総会を警備させ、一触即発のにらみ合いの末、乗っ取りを阻止する。そしてこんなことを言った。

「暴力で不当な野心を遂げようとする者があると聞いては黙っていられない」

吉田には国民から厚い信頼が寄せられ、1936年の彼の**葬儀には2万人が集まった**という。

topic.19
【戦時下の生活】

本当に「勝つまで欲しがらなかった」のか？

壊された豊かな日本

貧しい生活が営まれていた軍事国家というイメージが強い戦前の日本。だが、昭和初期まではモボ・モガたちが闊歩《かっぽ》し、さまざまな飲食店が軒を連ね、デパートには多彩な日用品が並んでいた。

こうした豊かな社会に陰りが見え始めたのは、１９３０年代以降のこと。37年の盧溝橋事件《ろこうきょうじけん》によって勃発した日中戦争が長期化の兆しをみせると、38年に**「国家総動員法」**が制定された。

その謳い文句は「戦争目的達成のため、国力を動員する」というもの。聞こえはいいが、実態は国民の私有財産を国が勝手放題するための法律で、これにより食料や生活必需品の売り買いが制限されるようになり、鉄や革、布などの物資が接収され、国民は戦場や工場に駆り出されるようになった。

この法律こそ、日本を〝**貧しい生活が営まれた軍事国家**〟に追いやった元凶だった。

ぞくぞくと登場する代用品

戦時下の生活は戦争が長引くにつれて徐々に凄惨《せいさん》なものになっていった。

まず、38年の初夏に物資統制が始まるとさまざまな日用品が姿を消していく。

だが、物が無ければ生活はできない。そこで登場したのが、**世にも珍妙な代用品の数々**だ。カエルや鮭、ウツボの皮でつくられた靴、サメ皮製の野球グローブ、紙やセロハンなどを材料にしたハンドバッグ……。

これは日本橋三越で開かれた「必需物資代用品展覧会」に出品された代用品の一例。とても使い心地がよさそうには思えないが、展覧会は大盛況を博したという。

繊維製品の代用品は、さらに驚きだ。なんと**岩でつくった服**が存在した。

金属分を取り除き、１３００度に熱して溶かした岩を、高圧空気で吹き飛ばすことで糸にして、編んでつくるという。海藻でつくった着物も登場している。

金属製品の代用品も実に顔ぶれ豊かだ。

バケツや洗面器などが木製に置き換わるのは想像できる。が、セメント製の郵便ポスト、

1938年、日本橋三越で開催された代用品の展覧会。サメの皮をつかった日用品などが並んだ。（写真引用元：『講談社日録20世紀1938』）

陶器の包丁、同じく陶器のアイロンなどの珍品が登場。

ちなみに陶器アイロンは内部が空洞になっており、熱湯を入れて使用する仕組み。鉄のアイロンとは比較にならないほど熱が弱く、使い物にならなかった。

こうした代用品は、戦時という非常事態をなんとか乗り切ろうという創意工夫の産物だった。けれど、戦争の長期化とともに物資不足はさらに深刻になり、やがて**食料すら事欠く**ようになっていく。

少しでも人間らしい食事を

こうした状況で始まったのが**「配給制度」**である。

これは生活必需品の自由販売を禁止し、配布さ

れた切符と交換で売り買いを行うというもので、米ならば1日大人一人あたり2、3合まで
と、購入できる量が限定されていた。

しかし実態は米が不足し、さつま芋やじゃが芋、大豆などが食料の配給の70％以上を占めた。その上、遅配や欠配は日を追うごとに日常化していったのである。

食料不足が深刻化すると、代用品の出現にやや遅れて**〝代用食〟**が姿を現した。

41年6月7日の朝日新聞には、食べられる動植物の一覧と調理法が掲載されている。

食用にできるとされた植物は1000種類、動物は100種類に及んだが、なかには驚くようなものもあった。

トカゲは頭をとって焼いて食べる。ゲンゴロウの幼虫はハネをムシって焼き、成虫の場合は天ぷらに。まむしは皮と内臓をとり、照り焼きか塩焼きにすると精がつくとされた。

こうした献立が一般的だったかは定かではないが、代用食はお世辞にも美味しいといえるものではなかった。

代表的なものに「すいとん」がある。現在でも郷土料理として親しまれているが、当時のすいとんは似て非なるもの。

水でゆるく溶いた小麦粉を、汁が煮えた鍋に直接流し入れて火を通した料理で、具材は**鶏のエサに交ぜていた雑草なども使われ**、**味付けは塩だけ**というケースも多かった。

味気がなく、歯ごたえもない小麦粉の固まりは、**耐え難いほどまずかった**という。

戦争中は食用や毛皮のために、「軍用兎」の飼育も推奨された。（写真引用元：『週刊日録20世紀1940』）

もみ殻などを食料用の粉にしている様子。（写真引用元：『講談社日録20世紀1943』）

しかし、最もまずい代用食として語り継がれているものは他にある。その名は**「楠公飯《なんこうめし》」**。

調理法は単純で、強火で炙《あぶ》った玄米に水を加えて1夜寝かし、更に水を加えて炊くだけ。

味が悪いことから人気が低かった玄米を、徹底的に水でふやかした楠公飯の味は筆舌に尽くし難く、ただ腹を膨らませるためのものだった。

〝欲しがらなかった〟末の悲劇

庶民の食卓からは食べ物が次々と消えていったが、どんな時代にも抜け道はあった。

当時の人気喜劇役者、古川緑波《ふるかわろっぱ》が、阪急電鉄創始者の小林一三《こばやしいちぞう》に振舞われた献立を日記に記している。

その内容たるや、現在から見ても豪華で、鯛の蒸し焼き、コンソメ、牛肉のガランディン（フラ

疎開する子どもたち。疎開先でも食料は少なく、お手玉の中身の小豆を食べたという話もある。（写真引用元：『週刊日録20世紀1944』）

ンス料理の一種）など、8種類のコース料理。つい1週間前の日記で「昼には食ひものがない」と記していた古川は、驚愕したに違いない。

こうした食料は**闇市**から入手したと思われる。闇市といえば終戦後のものが有名だが、戦時中にも存在した。

当時は価格等統制令という法律によって物価が固定されたため、割高な闇価格を設けて、政府の目を逃れながら物資の売り買いが続けられていたのである。

「欲しがりません、勝つまでは」という有名な戦時中のスローガンに逆行する行為だが、ある意味で、政府の配給だけでは生活が不可能だったことの証明といえる。

45年10月にドイツ文学者の亀《かめ》尾《お》英《えい》四郎《しろう》という人物が亡くなっているが、その死に様はそれを如実に表している。

亀尾は、「闇（市で買い物）をするものは国賊だ」という政府の呼びかけを頑なに守り、**配給だけで6人の子どもを養いながら生活**していた。

しかし戦争末期になると配給はほとんど行われなくなり、一家が3日間で食べる野菜はネギ2本という状況になる。そして亀尾は**栄養失調で死んでしまった**のだ。

亀尾のエピソードは、本来国民を導くべき国家が国民を無視するということが、いかに残酷なことであるかを物語るものだ。

topic.20
【警察】

国民から恐れられた戦前の警察「特高」の実態とは？

非常に横暴だった戦前の警官

一昔前、泣いている子どもを泣き止ませるために「鬼が来るよ」などと言ったものだが、明治時代の日本ではこんな事を言ったという。

「泣き止まないと警察が来るよ」

これは当時の警察が庶民から非常に恐れられていたことがよくわかるエピソードだ。

日本に警察が誕生したのは１８７１（明治４）年。江戸時代にも町奉行という警察機構は存在したが、明治維新とともに解体され、フランスの制度をモデルにした近代警察が設置された。

当時の警察の大きな特徴は、現在は都道府県の管轄下にある自治体警察であるのに対し、中央集権的な国家警察だったこと。

飲食店で衛生指導をする警察官。(写真引用元:平成16年警察白書)

そのため警察の職権は広く、権力も強かった。たとえば工場の労働環境の監督や飲食店の衛生指導、演劇の内容の検閲などを行うこともあったし、問題があった場合の行政処分や科罰の権限まで認められていたのである。

けれど明治の庶民が恐れたのはそうした警察の権限ではなく、警察官の〝態度〟だった。

明治時代の巡査は、かつての**武士階級出身者が多かった**。身分制度は撤廃されていたが、意識はそう簡単に変わるものではなく、彼らは江戸時代の武士のように威張り散らしていたのだ。

通行人を呼び止める時なども、「おい!」「こら!」と傲慢に威嚇していたため、**市民から忌み嫌われていた**という。

やがて大正時代に入り、市民の民主主義的な意識が高まると警察の態度に苦情が殺到し、1913(大正2)年には乱暴な言葉遣いを禁止する訓示が警視総監から発されたのだった。

本当に怖い特高の実態

しかしながら「おい！」や「こら！」ならば可愛いもので、国民を恐怖のどん底に陥れた特殊な警察が存在した。

その名も**「特別高等警察」**。通称「特高《とっこう》」と呼ばれる秘密警察である。

特高が設立された背景には国内の社会運動の高まりがあった。

1910（明治43）年、社会主義者による天皇暗殺計画が発覚。数百名が逮捕され、ジャーナリスト・幸徳秋水《こうとくしゅうすい》ら24名が死刑判決を受け、幸徳を含む12名が処刑された。

この大捕り物は**大逆事件**《たいぎゃくじけん》と呼ばれる。実は、幸徳らが天皇暗殺計画に関与した証拠はなく、社会主義者を弾圧する大義名分をつくるための政府のでっち上げともいわれている。

ともあれ、この事件を決定打として、社会運動の取り締まりに特化した警察機関が設立されることになった。それこそが特高である。

当初の特高のターゲットはおもに共産主義者で、多くの国民とは無関係だった。

しかし、1925年に天皇制や私有財産制を批判することを禁じる**「治安維持法」**が制定されると、国家に批判的だと判断された者には、特高の魔の手が伸びるようになっていく。

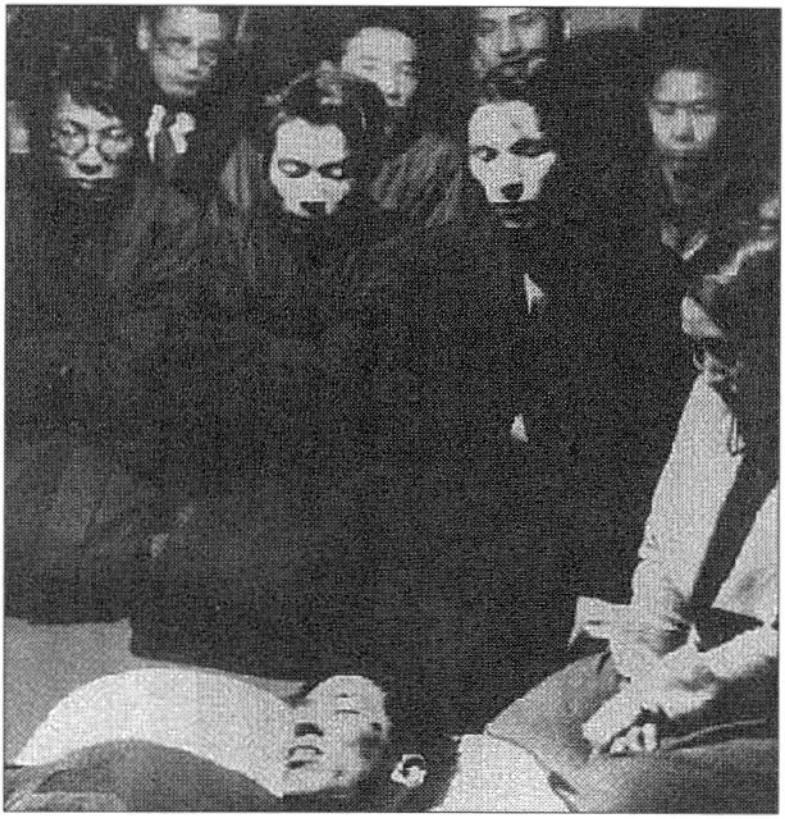

小林多喜二の遺体を囲む作家仲間たち。特高に目をつけられるのを恐れたためか、小林の遺体の解剖はどの病院からも断られたというエピソードがある。

その取り締まりの対象は、共産主義者はもとより、極右の国家主義者、自由主義者、反戦主義者などの思想家や、内閣に批判的な軍人、左翼マスコミなどありとあらゆる層に及び、与謝野晶子《よさのあきこ》の反戦的な詩集を所持していた女学生まで尋問されるなど、徹底的なものだった。

そして特高で最も恐れられたのが、尋問の際に行われる苛烈《かれつ》極まる拷問である。

罵倒に始まり、殴る、蹴る。真冬に冷水を浴びせたり、火の着いたタバコを押し付けたり、取り調べ対象が女性の場合は性的虐待が行われることもあった。そして、**激しい拷問の果てに死んでしまう者も少なくなかった**のだ。

『蟹工船』の作者・小林多喜二《こばやしたきじ》も特高の拷問によって殺された者のひとりだが、彼は寒中で丸裸にされてステッキで何度も殴打されたという。その亡骸の太ももは人体とは思えないほどどす黒く腫れ上がっていた。

特高は敗戦後のGHQの指導によって消滅したが、理不尽な暴力で自由な言論や思想を弾圧したその行いは、戦前の暗部の最たるものだ。

国家を手玉に取ったスパイ

とはいえ、特高が目の敵《かたき》にした共産主義は、たしかに日本の脅威だった。それを象徴するのが、1941年に発覚した戦前最大のスパイ事件といわれる**「ゾルゲ事件」**である。

主犯はドイツの新聞記者として来日したリヒャルト・ゾルゲと、元朝日新聞記者の尾崎《おざき》秀実《ほつみ》。

彼らの正体はソ連のスパイだったのだが、この事件の驚くべき点は2人が国家中枢の深部まで潜り込んでいたことだ。

ゾルゲはその卓越した頭脳で在日ドイツ大使の信頼を掴み、1939年頃にはドイツ大使館の公文書に目を通し、大使の相談に応じるポジションにおさまっていた。

尾崎にいたっては、1937〜41年に3回にわたって首相を務めた近衛文麿と親しい間柄で、近衛内閣のブレーンだったのである。

すなわち、太平洋戦争直前までの数年間、日本の重要国策や、同盟国であるドイツとの連

ゾルゲ事件の主犯、リヒャルト・ゾルゲ。逮捕後はソ連からその存在を否定され、東京の巣鴨拘置所で処刑された。最期に「ソビエト、赤軍、共産党万歳」と言い残した。
（写真引用元：『講談社日録20世紀1941』）

絡事項は**ほぼすべてソ連へと流れていた**のだ。
特高が彼らを逮捕したのは１９４１年。ほとんど偶然ともいえる逮捕劇だった。

20世紀最大のスパイ、逮捕へ

もともとアメリカ共産党のスパイの内偵を進めていた特高は、１９４１年10月10日、捜査線上に浮かんだ宮城《みやぎ》与徳《よとく》という画家を拘束する。確たる証拠もなく、念のため尋問するといった程度の認識だったようだ。

だが、この宮城こそゾルゲが国内に配置していた諜報員のひとりであり、その自白からゾルゲや尾崎のスパイ行為が発覚。14日に尾崎が、18日にゾルゲが逮捕されるに至ったのである。

ただ、この**逮捕はあまりにも遅すぎた**。

ゾルゲたちがスパイ活動を始めた当時、日本では北に向かいソ連を攻めるか、南に向かい東南アジアの米英の植民地を奪うか、ふたつの方針が対立していた。

ゾルゲたちの最大の任務は、日本のソ連侵攻を防ぐことであり、ゾルゲは尾崎を通じ、近衛首相にこんな説得をしたという。

「シベリアには資源は少ないが、東南アジアには石油などの資源が豊富に眠っている」

もちろんこの工作だけが原因ではないが、結果的に日本は南に向かい、アメリカやイギリスと衝突することになる。

ゾルゲたちの逮捕当時、アメリカとの開戦は決まっており、**彼らの任務は完了していた**のだ。

ただし、ゾルゲの犯行は食い止められなかったものの、特高の存在が国の存亡に関わるスパイ活動の抑止力であったことは想像に難くない。

その点では戦時下という特殊な環境において、特高は必要悪だったともいえるのだ。

第4章
世界を牽引した
大日本帝国のテクノロジー

日本の技術の粋を集めて作られた特急列車「あじあ号」は満州鉄道のシンボルだった（写真提供：国立国会図書館）

topic.21
【鉄道】

日本最初の鉄道路線は、東京湾の上を走っていた？

鉄道に大はしゃぎした侍たち

現在でこそ生活の一部となった鉄道だが、明治維新の立役者の1人、大久保利通《おおくぼとしみち》が**「鉄道の発展なくしては国家の繁栄はない」**と語ったように、鉄道は近代日本の発展の象徴だった。

日本に最初の鉄道が登場したのは幕末のこと。

1854年、幕府はペリーと日米和親条約を締結し、日本は正式に開国した。この際にペリーは電信機や時計、小銃など、さまざまな西洋の道具を幕府に贈呈しており、そのひとつが蒸気機関車だった。

4分の1の大きさの模型だったが、実際に走ることができ、アメリカ使節応接所の裏庭にレールを敷いてデモンストレーションが行われた。

最大時速は約32キロというから、あまりたいしたことがないように思えるが、幕府の役人

ペリーが江戸幕府に贈呈した鉄道模型の試運転の様子。鉄道模型の周囲に武士たちが集まり、興味津々に眺めているのがわかる（画面左）。（横浜開港資料館蔵）

たちは心の底から驚愕したという。

このとき、幕臣の河田八之助《かわだはちのすけ》がぜひ乗せてくれと頼み込んでいる。

内部は非常に狭く、子どもがなんとか乗れる程度の大きさだったため、屋根にまたがって〝乗車〟し、河田は非常にご満悦だったそうだ。

日本が植民地にされるかもしれない緊迫のなか、侍たちは鉄道に大はしゃぎしていたのだ。

最初の鉄道路線は海の上!?

その後、1872年に日本で最初の鉄道路線が開通した。新橋と横浜を結び、片道29キロの道のりを約1時間で走ったという。

だが、その運転風景は実に奇妙なものだった。

路線の約3分の1が、**東京湾を埋め立ててつくった細長い土手の上を通っていた**のである。日本最初の鉄道は海上鉄道だったのだ。

なんとも風流と思われるかも知れないが、実はこれは苦肉の策だった。

鉄道建設には多額の費用が必要になるが、当時は明治政府を樹立したばかりで、なにかと財政が苦しい時期。そんな大変なときに鉄道をつくる必要はないと大反対したのが、軍備増強を唱える西郷隆盛《さいごうたかもり》である。

さらには当初予定していた線路のルートには軍用地や西郷に賛同する薩摩藩邸などが点在し、用地提供をことごとく断られてしまった。

困り果てた鉄道推進派の人々は、**最終手段として海上のルートを選択**したのである。

紆余曲折を経ながらも、開通にこぎつけた鉄道は大好評を博し、開通の翌年の**平均利用者は1日約5000人、年間利益は約21万円**という大きな成功を収めたのだった。

窓から用を足す人が続出？

鉄道が普及し始めると、現代では考えられないような現象が見られるようになった。**乗客が窓から放尿**する事件が多発したのである。

実は、初期の鉄道にはトイレがなかったのだ。

新橋・横浜間ならば乗車時間が短かったので問題にならなかったが、鉄道事業の拡大とともに路線が延長され始めたから大変だ。尿意を催したときは、駅に着くまで我慢してトイレに駆け込むことになるが、人間、忍耐にも限界がある。やむにやまれず、明治の紳士たちは列車のなかでズボンをおろしたのである。

戦前の鉄道内は非常に汚かった。（写真引用元：『写真週報206』）

もちろんこれは犯罪で、10円の罰金が科せられた。この金額は当時の公務員の、初任給の約2倍にもなる。また、列車内で腹を壊し、窓の外にオナラをした乗客に5円の罰金が科せられたケースもあった。

笑ってしまうような話だが、当人たちにはたまったものではなかっただろう。

転機が訪れたのは1888年。この頃、列車が停車した駅のトイレは大混雑が常で、発車間際の列車に慌てて飛び乗る乗客が多いことが問題視されていた。そんななか、ある政府高官が飛び乗る際に誤って転落死してしまったのだ。

この事故を受けて、**官営鉄道はトイレ付きの列車を次々と導入**していったのである。

通勤ラッシュは大正時代から

1895（明治28）年になると市街地に電車が登場し、人々の生活は大きく変わった。とくに顕著だったのが通勤スタイルの変化だ。

明治時代にはすでにサラリーマンが存在したが、多くは徒歩通勤だった。そこに電車が登場し、**郊外から都心へ通勤する人々が現れた**。

だが、これによって新たな社会問題が生じてしまった。**通勤ラッシュ**である。

1925年に東京・山手線の環状運転が始まるが、通勤の時間帯の混雑ぶりはかなり苛烈だったようだ。明治から昭和時代にかけて活躍した評論家・新居格《にいいたる》はこんなことを書いている。

「サラリーマンの第一の苦痛がラッシュアワーの通勤。電車に乗降する際の混雑が耐え難いのに、タクワンの臭いなどの異臭もある」（要約）

これほど混雑していると、良からぬことを企む者も現れる。

実は戦前も**痴漢の被害が多かった**。とくに女学生の被害が深刻で、体を凝視されたり、触られたりするケースが続発。

その結果、徒歩で通勤・通学する女性が増加し、鉄道会社も頭を悩ませてしまう。

明治末期に東京の中央線で導入された女性専用車両。車両中央に「婦人専用」の文字が見える。

そこで1912年、東京の**中央線で女性専用車両が初めて導入された**。名目は「不良少年の誘惑予防」というものだったが、やがて車両は定員を超えるほどの女性客で賑わった。

中央線の女性専用車両は短期間で廃止になったが、その後も、こうした取り組みは日本各地で繰り返し行われた。

戦前からあった新幹線構想

さて、新幹線は日本が世界に誇る技術のひとつだが、その建設計画は戦前から存在していた。

計画が持ち上がったのは1930年代。当時の日本は産業や植民地の拡大とともに、国内の輸送力の強化が急務とされ、新たな広軌道・高速鉄道が求められていた。

そして1938年に東京と関西、九州を結ぶ超特急**「弾丸列車計画」**が打ち出された。

それまでの最速列車は東京・大阪間は8時間、東京・九州の下関間は18時間30分要したのに対し、弾丸列車はその半分の時間で結ぶという、当時としては革命的な計画だった。

さらに、最終的には下関から海底トンネルを掘り、朝鮮半島を経て、**中国の北京まで路線を延ばす計画まで存在した**。もしも成功すれば東京から北京が直通になるという、冗談のようなプロジェクトだが、トンネル建造のための実地調査が数回行われており、本気で実現させようとしていたことがわかる。

弾丸列車計画は太平洋戦争の戦況悪化によって１９４３年に中断してしまう。しかし計画自体は継続し、敗戦から19年後、１９６４年の東海道新幹線の開通によって実現されたのだった。

topic.22
【零式艦上戦闘機】

零戦はどれほど強かったのか?

世界最強戦闘機の開発指令

零戦《ぜろせん》の設計者・堀越二郎《ほりこしじろう》は、零戦の開発を振り返ってこんな言葉を残している。

「『零戦』は十種競技のすべての種目で一位かそれと同等の記録を出し、いくつかの競技では他を圧倒する記録を出すように要求された」

確かに、開発を命じた海軍の要求はシビアだった。最高速度時速500キロ、最大航続力6時間以上、当時の主力戦闘機だった九六式艦上戦闘機に劣らない空戦性能を有すること……。

引き合いに出された九六式艦上戦闘機も堀越の設計で、すでに他国の戦闘機と比べても遜色がない性能を誇る名機だった。

それを超えろということは、**世界最強の戦闘機をつくれということにほかならなかった**のだ。

開発当時、世界最強の戦闘機だった零戦。堀越によると零戦は全部で１万425機生産されたという。（写真引用元：『兵器大図鑑　日本の戦史別巻５』）

開発は困難の連続だった。

速度を高めるなら機体を軽量化すればいいが、高い空戦性能を求めるならば兵装を充実させる必要があり、その分重量は増える。**矛盾する要素を同時に実現する必要があった**のだ。

堀越率いる開発チームは奮闘し、エンジンの回転数に応じて最適な回転を行う「定速回転プロペラ」や「超々ジュラルミン」という新素材など、最新鋭の技術を結集。だが、まだ要求性能の実現には遥かに及ばなかった。

防御を捨てた極限の機動性

そこでたどり着いたのが、**安全性すら犠牲にした徹底的な軽量化**だった。

操縦席や燃料タンクの防弾設備を取り除き、機体の至る所に肉抜き穴を設けた。試作品の図面を

零戦の設計チーム。中央が堀越二郎。

見た堀越は「あと75グラム軽くできる」とやり直しを命じたこともあった。

そして1939年4月、零戦は、テスト飛行を迎える。エンジンの轟音を大空に響かせ、颯爽と羽ばたいた零戦の姿に、堀越が漏らした言葉はたった一言、

「美しい……」

すべての無駄を排除したその姿は、まさしく洗練の極みといえた。

だが、素晴らしかったのは姿だけではない。完成した零戦は最高速度533キロ、航続力約10時間（巡航速度350キロの場合）、**当初の要求を上回る性能を実現していた**のである。

防御面では脆弱だったが、熟練パイロットならば攻撃を受ける前に避けることができるほどの機動性は、それを補って余りあるものだった。

そして、戦線に投入された零戦は、敵国を震え

上がらせることになる。

零戦は正真正銘〝無敵〟だった

40年9月、初陣を飾った13機からなる零戦部隊は中国軍機27機と交戦し、**全機を撃墜、味方の損失は皆無**という驚異的な戦果を挙げた。

零戦は41年まで中国戦線で活動し、その間に撃破・撃墜した敵機は266機（不確実3機）。対して、零戦の損失は対空砲火で撃ち落とされた**2機のみ**。しかも投入されたのはたったの30機というからその無敵ぶりがよくわかる。

太平洋戦争が勃発しても、零戦の最強神話は揺るがなかった。

持ち前の機動力でアメリカ軍の主力戦闘機グラマンF4Fワイルドキャットなどとの格闘戦でも連戦連勝を収め、真珠湾攻撃と同日に行われたフィリピン攻略戦では、その破格の航続力で前代未聞の作戦を成功させる。

この作戦は、南方資源地帯の制空権・制海権を確保するため、陸軍の航空隊と合同でフィリピンのアメリカ軍基地を空爆するというもの。

零戦部隊がどこから出撃したかといえばなんと台湾。830キロを飛行し、アメリカ軍の航空戦力約160機のうち、約60機を撃破した。

アリューシャン列島に不時着した零戦。この機体は米軍に接収され、その弱点を徹底的に研究された。(写真引用元:『零式艦上戦闘機と人間堀越二郎』)

攻撃を受けたアメリカ軍は日本軍の空母を探し、大規模な哨戒《しょうかい》飛行を続けたが、もちろん空母は影も形もない。**まさか台湾から飛んできたとは夢にも思わなかった**のである。

連合軍は零戦の性能に戦慄し、「積乱雲に遭遇した時と、零戦に遭遇した時は退避してよい」という指示を受けていたアメリカ空軍の部隊もあったほどだ。

しかし、その栄光も長くは続かなかった。

最強神話はなぜ崩壊した?

零戦には勝てない。それを悟ったアメリカ軍は戦闘中に落下した零戦の部品はどんなに細かいものでも拾い集め、分析に奔走していた。

彼らに吉報が飛び込んできたのは42年6月。**不時着した零戦を無傷の状態で拿捕《だほ》**したのだ。

この機体の徹底的な研究により、零戦は高速時の横転や急降下が苦手であることが判明。この弱点を攻めるための戦法が考案されていく。

そのひとつが**「サッチウィーブ戦法」**だ。

2機一組になり、その片方の背後に零戦が迫ってきたときにこの戦法は始まる。零戦に狙われた機体は囮で、この状況でもう一方の機体が囮の方向へ急旋回すると、零戦に正面から銃弾を浴びせることができる。

実にシンプルな戦法だが、急降下が苦手な零戦にとっては非常に効果的だった。

さらにアメリカ軍はグラマンF6Fヘルキャットという最新機を大量に投入。これは分析した零戦のデータを元に改良した機体で、エンジンは零戦の倍の2000馬力もあった。

敵の弾丸は〝当たらない〟ことを前提にした零戦は、戦法と性能で対等以上に並ばれたとき、もはや為す術がなかった。

世界最強の機体は、アメリカの執念によって、ついに王座から引きずり落とされたのである。

幻となった後継機「烈風」

アメリカ軍が改良した最新機を投入したように、零戦の改良も行われていた。

しかし、その成果はいまひとつ。たとえば、Ｆ６Ｆヘルキャットとほぼ同時期に登場した改良機・零戦52型は、初期型よりも時速20キロほど最高時速を高めていたが、機動性が大幅に低下し、パイロットからは不評を買っている。

これは戦況が劣勢になり、開発のための物資が不足していたことが要因のひとつ。だがそれ以上に、零戦が当時の開発環境で達成できる極限の性能を実現していて、**もはや改良の余地がなかった**ことが大きかった。

そんななか、堀越によって戦争末期に開発されていた「零戦の再来」と呼ばれる戦闘機があった。その名は**「烈風《れっぷう》」**という。

搭載された「誉《ほまれ》エンジン」の馬力は２０００馬力。試作機のテストパイロットに「戦局の転換を期待し得べし」と語らせるほどの怪物だった。だが、実戦配備の前に敗戦を迎えてしまう。

零戦という不可能を可能にした堀越が最後に手がけた烈風はどんな性能を有したのか。確認できないだけにロマンをかきたてる話である。

topic.23
【科学力】

すでにロボットまで開発していた？

第1回ノーベル賞を逃した男

大日本帝国が西洋列強と比較しても、高い科学水準を誇っていたことをご存知だろうか。

科学分野の最高の栄誉であるノーベル賞が始まったのは１９０１年。

しばらくの間、受賞者はすべて西洋人であったが、初めて東洋人で受賞した人物は、物理学者・湯川秀樹《ゆかわひでき》だった（アジア人というより大きな枠で見た場合、１９１３年にノーベル文学賞を受賞したインドのラビンドラナート・タゴールが初となる）。

受賞自体は大日本帝国が崩壊した４年後の１９４９年だが、湯川は１９３５年に、物質をかたちづくる根本的な材料である「原子」は、その内部に存在する「中間子」という粒子によって成り立っていることを予言した。

そして、後にイギリスの科学者によって湯川の説が正しいことが証明され、ノーベル賞に

ノーベル賞受賞後の1953年に撮影された湯川秀樹博士。左はアインシュタイン博士。

輝いたのである。

だが、**実は第1回ノーベル賞に輝くはずだった日本人がいた**ことはあまり知られていない。その人物こそ、「日本の細菌学の父」と呼ばれる**北里柴《きたざとしば》三郎《さぶろう》**である。

彼は1889年にそれまで誰も成功しなかった破傷風菌の培養に成功。その毒素を少しずつ実験動物に注射することで抗体を生み出すという**「血清療法」を確立**した。

そして1901年、この偉業にノーベル生理学・医学賞が授与される。しかし、受賞者は北里ではなく、北里と共同で研究を行っていたドイツ人医学者のエミール・ベーリングだった。

受賞の決め手となった論文の著名がベーリング一人のものだったため、北里は実験データを提供しただけとみなされてしまったのだ。

さらに当時は、複数人の共同名でノーベル賞を受賞させるという発想もなかったのである。

ビタミンの発見者は日本人？

先述の北里のように、大日本帝国には不遇な科学者が多かった。たとえば、今では誰もが知っている**「ビタミン」を世界で初めて発見**した鈴木梅太郎《すずきうめたろう》もそのひとり。

鈴木が研究に打ち込んでいた時代、日本では脚気が深刻な社会問題になっており、年間1万~3万人もの死者が出ていた。

脚気はビタミンB1の不足が原因で発症する病だが、当時は未解明で、伝染病の一種と考えられていた。

鈴木は栄養学の研究をするうちに、白米だけを与え続けた動物が脚気で死ぬこと、米ぬかなどを与えると脚気から回復することを発見。

米ぬかには未知の栄養分が含まれていることに気付いた鈴木は、これを「オリザニン」と名付け、1910年に論文で発表した。

これこそ**現在ビタミンB1として知られている成分**だった。

ところが、鈴木の論文が海外で翻訳された際、オリザニンが未知の有効成分であるという肝心の部分が訳されず、この些細なミスによって世界からはほとんど注目されなかったのだ。

東洋初のロボットといわれた學天則。2007年、大阪市立科学館によって復元が試みられたが、2100万円もの費用がかかったという。

そして1911年、今度はポーランドのカシミール・フンクが鈴木と同様の論文を発表。これは世界中の関心を集め、米ぬかの未知の成分はフンクが名付けたビタミンという名で定着したのである。

歴史がわずかに違えば、北里も鈴木も今よりはるかに大きく名を轟かせていたに違いない。

大日本帝国製のロボット

大日本帝国では、1928年に**東洋初となるロボットの開発**まで行われている。その名も「學天《がくてん》則《そく》」。昭和天皇の即位を記念した大礼《たいれい》記念《きねん》京都《きょうと》大《だい》博覧会《はくらんかい》のためにつくられたものだ。

高さ約3・5メートル、幅約3メートルもの巨体で、ゴムチューブから供給される空気圧を原動力に、表情を変えたり、腕を動かしたりすることができた。

また、瞑想することでインスピレーションを得ると、**手にしたペンを動かして文字を書く機能も備えていた**という。

なんとも異様なロボットだが、そこには製作者の美学がふんだんに盛り込まれていた。

學天則を作ったのは、機械工学の学者ではなく、阿寒湖のマリモを研究していた西村真琴《にしむらまこと》。彼は生物学者ならではのこだわりから、人間が利用するための奴隷のような機械ではなく、血の通う生物を再現したいと考えていた。

また、學天則の顔はあえて特定の人種に似せず、さまざまな人種の特徴を盛り込むことで、各民族が戦争を捨て、協力しあうようにとの願いが込められていたという。

ロボット開発で世界の注目を集める現代日本だが、その特徴は鉄腕アトムに代表される人型ロボットへの美学だろう。その遺伝子は大日本帝国時代から受け継がれたものだったのである。

ちなみに、學天則はさまざまな博覧会の目玉として人気を集め、のちにドイツに売却されたというが、その後の行方はわかっていない。

グルタミン酸を発見した池田菊苗。1923年に撮影。グルタミン酸を用いた調味料は、八木アンテナなどと並ぶ「日本の十大発明」のひとつになっている。

「うま味」の発見

物を食べると、**「うま味《み》」**を感じる。これはごく当たり前のことに思えるが、そもそもうま味とは何なのだろう？

　この素朴な疑問を解き明かしたのも、大日本帝国の科学者だった。

　明治時代まで、人間が感じる味は、甘味、酸味、苦味、塩味の4つだけと考えられていた。

　しかし、昆布やカツオ節などからダシをとると料理の味にはコクが加わる。

　東京帝国大学の池《いけ》田《だ》菊苗《きくなえ》は、このコクを「うまい」と感じるのだから、5番目の味である「うま味」があるに違いないと考えた。

　早速、うま味を感じさせる成分を探し始めた池田だが、方法は**大量の昆布を煮だすだけ**という、驚くほどシンプルなもの。

しかも、この研究は池田にとって専門外で、大学の研究室を使えなかったため、自宅で行われたという。

そして1908年、昆布から白い粉末状の物質を抽出することに成功する。この物質こそ、グルタミン酸ナトリウム。探し求めていたうま味の成分そのものだった。

うま味の発見は食の常識を覆すほどの偉業に違いなかったが、意外なことに西洋ではほとんど評価されなかった。

西洋では、コンソメなど一部の例外はあるものの、ダシをとるという調理法に馴染みが薄かったため、そもそもうま味という感覚自体が認知されていなかったのだ。

けれど、2000年、舌の味蕾《みらい》にグルタミン酸を受容する細胞が発見され、今日ではUMAMIという単語で国際的に認められている。

ちなみに、このうま味成分グルタミン酸ナトリウムを使ってつくられた調味料が**「味の素」**。現在も多くの家庭で愛される万能調味料は、大日本帝国の偉大な発見の賜物なのである。

topic.24
【軍事テクノロジー】

凄くて奇妙な大日本帝国の軍事テクノロジーとは？

無敵の艦隊を破った下瀬火薬

１９０５年に勃発した日露戦争で、**当時世界最強クラスの軍事力をもつロシアを破った**大日本帝国。ぽっと出の小国が成し遂げたこの大番狂わせは、世界中から驚きをもって迎えられた。

とくに、無敵を誇った**ロシアのバルチック艦隊に圧勝したことは歴史的な快挙**といえる。

その勝因は、ロシアが手旗信号で連絡をとりあっていたのに対し、日本は当時最新の電信技術を導入し、巧みな連携がとれたこと、バルチック艦隊が長期航海で疲弊していたことなどがあげられる。だが、ある海軍技官が発明した新兵器も大きなカギを握っていた。

その兵器こそ、下瀬《しもせ》雅允《まさちか》が１８９３年に完成させた**「下瀬火薬」**である。

そもそも戦艦は非常に頑丈な装甲で包まれているため、ある程度砲弾を打ち込まれても、

日露戦争で日本海軍の砲撃を受けたロシア艦「オリョール」の装甲。

船底を破壊されない限りは簡単には沈没しない。

だが、下瀬火薬を使った日本海軍の砲弾は、従来の火薬に比べて格段の破壊力を誇った。

さらに特徴的なのが、爆発で生じる3000度もの高熱だ。一度着弾すればその周辺は**人が近づけなくなり、船内活動ができなくなる**。

沈没させられなくとも戦闘力を大幅にそぎ落とすことができたため、ロシアの戦艦がいくら頑丈な装甲を持っていても無意味だったのだ。

下瀬火薬の破壊力の秘密は、主原料だったピクリン酸という猛烈な爆薬である。

ピクリン酸は他国でも知られていたものの、金属に触れると爆発しやすくなるという性質のため、純粋なピクリン酸を用いた兵器の開発は非常に困難だった。砲弾の火薬にする場合、砲弾自体が金属製なので危険過ぎたのである。

そこで下瀬雅允は砲弾の内壁に漆とワックスを

八木アンテナを手にする八木秀次博士。文化勲章を受章した1956年、東京都千代田区の常盤橋公園で撮影。八木博士は教育者としても活躍した。「（発明のためには）心眼で電波が見えるようにならなければならない」という言葉を残している。

塗り、内壁とピクリン酸が直接触れない工夫を凝らすことで、兵器として成立させたのだ。

自国の発明にやられた日本

このように日本は戦前から高度な技術力を誇り、それが日本軍の強さを支えていた。

だが、技術を活かせなかった例もある。

工学者の八木《やぎ》秀次《ひでつぐ》らが１９２５年に発表した「八木アンテナ」がその代表格だ。

八木アンテナの画期的だった点は、金属の棒をうまく配置することによって、一定方向から来る電波をもれなく受信したり、一定方向に効率よく電波を発射したりできるようにしたこと。

この性質は、電波を発射し、跳ね返ってきた電波を測定することで相手の場所を特定する**レーダーにうってつけ**だった。

そのためさっそく軍艦のレーダーとして利用されたのだが、皮肉なことに、八木アンテナを**活用したのは日本軍ではない**。アメリカ軍やイギリス軍なのだ。

当の日本ではレーダーの有用性があまり評価されておらず、資金不足もあって試作機がつくられることもなかったのである。

太平洋戦争では、当初日本軍が優勢だったものの、開戦から1年余りで劣勢に転じていく。これは欧米との物量の差ばかりではなく、**レーダー技術が劣っていたことも大きかった**のだ。

余談だが、日本軍は八木アンテナの有用性をひょんなことから知った。

それは1942年にシンガポールのイギリス軍基地を攻略したときのこと。日本軍はこれによってイギリス軍のレーダー2基と、レーダー技術に関する文書を押収し、解析を開始した。

その際、日本軍が首を傾げたのが、文書にたびたび登場する「YAGI」という単語である。

辞書を引いても意味がわからず、捕らえていたイギリス人レーダー技師を尋問《じんもん》したところ、こんなことを言われて驚愕したという。

「本当に知らないのか。YAGIとはアンテナを発明した日本人の名前だ」

日本のナチスは存在したのか

生物兵器はごく今日的な兵器と思われがちだが、大日本帝国はすでにこれを研究し、さらに実際に使用していた可能性が指摘されている。

研究を行っていたとされるのは、太平洋戦争中、満州に拠点を置いていた７３１部隊である。

７３１部隊の表向きの仕事は、日本軍の兵隊にペストなどの疫病が発生した場合の治療法や予防策などを研究することだった。

しかし、疫病の治療法を知っていれば、**疫病を蔓延させることも朝飯前**のはず。

公式に確認はされていないものの、「戦時中にチフス菌を川に流し、ソ連軍の感染を狙った」、「スイカにペスト菌を注射した」などの具体的な作戦を証言した７３１部隊の関係者が存在する。

さらに、捕虜や死刑囚を使った**人体実験が行われていたという証言**もあるのだ。

確かに日本軍が生物兵器を使うことは理に適っていた。生物兵器は他の兵器に比べてコストが格段に安く、「貧者の核兵器」とも呼ばれる。**資源に乏しい日本にうってつけ**の兵器なのだ。

もしも生物兵器が使われていたのなら、731部隊が戦犯となることは免れなかったはずだ。

しかし実際は誰一人裁かれず、その多くは医学者として活躍した。生物兵器がデマだったのか、なんらかの密約で戦犯を免れたのか、その真相はいまだ闇に包まれている。

実は高度だった風船爆弾

大日本帝国が開発した兵器のなかでもとくに異彩を放つのは、なんといっても1944年に開発された**「風船爆弾」**だろう。

和紙をこんにゃくノリで張り合わせた直径10メートルの気球に、15キロの対人爆弾1発、5キロの焼夷弾2発を装着したこの兵器。

その目的はアメリカ本土の爆撃だったが、その方法は太平洋上を西から東へ吹く偏西風《へんせいふう》に乗せて到達させるという、斬新なものだった。

風まかせで攻撃するなど、まるで冗談のような話だが、実は風船爆弾は当時の**知恵と技術を結集させたハイテク兵器**だ。

当時、偏西風の存在に気付いていたのは日本だけだった。さらに風船爆弾には、気圧の変化に応じて重りを自動で落下させて、高度を維持する装置が導入され、順調にいけば50時間

上：風船爆弾の下部。白い袋は気球の高度を調整するための重りで、黒い物体が爆弾。（写真引用元：『兵器大図鑑　日本の戦史別巻５』）

左：風船爆弾の全体像。
吊るされているものが爆弾。

ほどでアメリカ本土に到達できる代物だったのだ。

ただ、ある重大な問題を抱えていた。無人兵器であるがゆえ、**戦果を確認できない**のだ。

風船爆弾は約１万個が飛ばされたが、一説にはアメリカに到達したのは１０００個ほどで、これらもほとんど被害を与えることはなかったといわれる。そして無駄と悟った日本軍は、１９４５年の春にこの作戦を打ち切ったのである。

とはいえ、**心理戦の面では風船爆弾は無視できない効果を挙げた**。アメリカ軍は、風船爆弾に化学兵器が搭載されていると考え、神経質なほどに警戒していた。そして、戦闘機で哨戒《しょうかい》するなど、対策に奔走したのである。

topic.25
【戦艦大和】

日本が誇った史上最大の戦艦「大和」その実力と末路とは？

大和はどれほど凄かったのか

第1次世界大戦によって疲弊した国際社会では、ワシントン軍縮会議やロンドン海軍軍縮会議によって、膨大なコストがかかる戦艦などの建造・保有を制限するムードが強まった。しかし1936年、ワシントン海軍軍縮条約の失効などを受けて、軍縮時代は終わりを告げ、世界的な**戦艦開発競争が巻き起こった**。

これを予想していた日本海軍は、その2年前から密かに次代の主力を担う戦艦の建造を計画していた。これこそあの**戦艦「大和」**である。

建造がスタートしたのは1937年11月4日。約1億6300万円（現在の約2000億円）という甚大な建造費が投じられ、1940年8月8日に進水した大和の全貌は、全長約263メートル、満載排水量7万2800トンという怪物じみたものだった。

就役直後、1941年に撮影された大和。全長263m、全幅38.9mにもなる巨体だった。

搭載された主砲は46センチ砲。ギネスブック認定の**世界最大の艦載砲**であり、最大射程は約42キロにも達した。

これは熱海から発射すれば富士山に届く距離である。

まさに大和は日本の軍事力の象徴ともいえる、**史上最大・最強の超弩《ちょうど》級戦艦《きゅうせんかん》**だったのだ。

大和のサイズを決めたもの

巨大な戦艦が必要とされた理由はアメリカとの軍事競争だった。物量で勝るアメリカに勝つためには、質で補うしかないという発想である。

その目安となったのが、意外なことに北米大陸と南米大陸の間にあるパナマ運河だった。

アメリカの戦艦工場は大西洋側に集中しており、新造艦が太平洋に出るためには通常、パナマ

現在のパナマ運河。1914年の開通以来、太平洋とカリブ海をつなぐ海運の要となっている。

運河を通る必要があった。

しかし、パナマ運河の横幅は狭く、約33メートル以上の横幅をもつ戦艦は通れない。

日本はこの制約から、アメリカが太平洋に投入できる戦艦のスペックの限界を試算し、**大和のスペックがそれを上回るように設定した**のだ。

こうして生まれた大和は、その巨大さゆえにさまざまなエピソードが残されている。

大和の建造はトップシークレットで、作業員には秘密厳守の誓約書を書かせるなど徹底した対策がとられた。

だが、あまりにも大きすぎたために建造ドックからはみ出してしまい、トタンなどで覆い隠して組み立てが進められたという。

また、艦内が広すぎたため、**艦内伝令が自転車で移動**していたという話は有名だ。

事実、大和の定員は2500名にもなり、内部はちょっとした街のようなものだった。快適な風呂場や食堂があり、納豆やうどんなどの手の込んだ食料を艦内で製造していた。おまけにアイスクリームの製造室まであったという。

充実していたのは兵装ばかりではないのだ。

不遇だった世界最強の戦艦

大和が実戦配備されたのは1941年12月16日。この約1週間前には真珠湾攻撃が行われ、すでに太平洋戦争が始まっていた。

満を持しての参戦だったが、実のところ大和はその就役期間を通して、**ほとんど活躍することができなかった**。

大和の設計哲学は、その巨体と主砲を活かし、敵の戦艦を撃沈すること。開発当時、戦艦を倒すにはより巨大な戦艦で戦うことがもっとも有効な戦法と考えられていた。

その意味では大和はまさに最新兵器だったが、**戦術の進化は日本軍の想像以上に早かった**。

大和が参戦したころの戦場では、戦艦を相手にした戦闘スタイルは航空機による爆撃という形が主流になりつつあったのである。

巨大ゆえに鈍重な大和は、こうなると**格好の標的**に過ぎない。また、マリアナ沖やレイテ沖での海戦に参加したものの、撃沈したのは軽空母1隻だけと予想以上に役に立たなかった。

燃料もばかにならないため、海軍は持て余してしまい、大和は港に留まることが多かった。

そして、先述のように艦内の設備は充実していたため、兵士からは**「大和ホテル」**などと揶揄《やゆ》されてしまう始末だったのだ。

国運を賭けた最新戦艦が時代遅れのものだったという、踏んだり蹴ったりの結果である。

しかし、その状況を招いたのも日本なのだ。

そもそも航空機によって戦艦を撃沈するという戦術は、日本が真珠湾ではじめて成功させたものだった。

その圧倒的な有用性から、各地の戦場でも取り入れられるようになり、戦艦は〝古い兵器〟となってしまったのである。

大和の壮絶な最期とは？

ほとんど活躍の場がなかった大和だったが、最後の使命を与えられるときがやってきた。

1945年4月、アメリカ軍は沖縄上陸を果たし、いよいよ日本の敗戦が濃厚になっていた。

けれど、いまだに戦争継続の声は強く、沖縄戦において大和に出撃が命じられたのである。

だが、それはとても作戦と呼べるようなものではなかった。

その内容を一言で述べると「意図的に座礁して海上で砲台となり、とにかく敵艦隊を砲撃する。弾がなくなった後は、乗組員全員が陸戦歩兵となって敵陣に突撃する」というもの。膨大な航空戦力をもつアメリカ軍に対し、大和が対抗できる術はない。つまり**特攻**だった。これに大和の指揮官である伊藤整一《いとうせいいち》中将は猛反対したが、軍部は**「一億総特攻の魁《さきがけ》になってほしい」**と答え、伊藤は了承するのである。

かくして大和は４月６日、僅《わず》かな艦隊を従えて沖縄に向けて出航する。燃料は片道分しか積まれていなかった。まさに最後の航海だった。

大和とアメリカ軍の戦闘が始まったのはその翌日、鹿児島県の坊ノ岬沖《ぼうのみさきおき》でのことだった。襲いかかったアメリカ軍の航空機は約４００。雨あられのように降り注ぐ爆撃に大和はほどなくして傾き始め、戦闘開始から**たったの２時間で大爆発を起こし**、**沈没**したのである。

この坊ノ岬沖海戦の戦死者は３７００名にのぼり、その大部分は大和の乗組員だったという。

余談になるが、このあまりにあっけない沈没はアメリカの作戦勝ちという側面がある。

大和は別名〝**不沈艦**〟と呼ばれていた。

機関部の装甲の厚さは４１０ミリ。船底は無数の区画に分かれており、魚雷が命中して浸水しても、反対側の区画に注水することでバランスをとり、沈没を避けることができた。

だが、アメリカはこの前年に大和の同型艦である「武蔵」を撃沈しており、その仕組みを

大爆発を起こす大和。艦体は2つに分断されて海底に沈んでいった。

知っていた。

そして、魚雷を徹底的に左舷《さげん》に集中させることでバランスを失わせ、日本軍が誇った最強の戦艦をあっさりと葬り去ったのである。

第5章　大日本帝国はなぜ滅びたのか

原爆で破壊された長崎の寺院と仏像

topic.26
【太平洋戦争】

日本はなぜアメリカと戦ったのか？

あまりにも大きな国力差

かつて日本はアメリカに無謀な戦争を仕掛け、徹底的に敗北した。この誰でも知っている歴史には、誰もが一度は同じ疑問を抱く。

日本はアメリカに勝てると思っていたのか。

確かに当時の日本は世界で5本の指に入る経済大国で、アメリカ、イギリスに次ぐ世界で3番目の海軍軍事力をもつ国家でもあった。

さらに戦争初期までは太平洋で使用可能な空母が、アメリカよりも多かったのも事実だ。

それでも、**比較するのがバカバカしくなるほど、日本とアメリカの国力には開きがあった**。

太平洋戦争開戦時のアメリカの国民総生産は日本の12倍、鋼材の生産量は17倍、自動車の保有台数は160倍、石油生産量に至ってはなんと721倍もの規模を誇っていたのである。

1931年のニューヨーク・マンハッタン。国力の違いが如実にわかる。

この現実を受け止められないほど、日本政府や軍部の目は節穴だったのかといえば、むしろ逆だ。彼らは世界でもトップクラスの頭脳集団であり、**アメリカの強さは十分に理解していた。**

開戦前に近衛文麿《このえふみまろ》首相からアメリカとの戦争について意見を聞かれた海軍連合艦隊司令長官・山本五十六《やまもといそろく》は、こんなことを言っている。

「やれといわれれば初め半年や1年の間は随分暴れてご覧に入れる。しかしながら（戦争が）2年3年となれば全く確信は持てぬ。日米戦争を回避するよう、極力ご努力願いたひ」

するともうひとつ疑問が生まれる。**なぜ勝てないとわかりながら日本は戦争を選んだのか。**

戦争回避の道はあったのか

日米開戦の発端は、1940年から行われたアメリカによる経済制裁だったといわれる。

当時の日本は陸軍の暴走で始まった日中戦争の真っ最中。この暴挙に歯止めをかけるため、アメリカは石油などの輸出に制限をかけた。

日本は石油の供給のほとんどを外国に頼っており、アメリカからの石油はなんと全体の7割。供給がなくなれば戦時で1年半、通常時でも3年で石油の貯蔵がなくなってしまう。

焦った日本は東南アジアの資源を手に入れるため、フランス領インドシナ南部を占領するが、これを見たアメリカは石油の全面輸出禁止など、さらに厳しい経済制裁を断行した。これにイギリス、オランダが続き、日本は国際経済で完全に孤立する。世に言うABCD包囲網である。

ここで日本に残されていた選択肢は3つ。

ひとつは日中戦争を終わらせること。だが、陸軍が従うはずもなく、事実上不可能だった。残るふたつはアメリカとの戦争か、交渉によって経済制裁の緩和をめざすことだった。

結論から言うと、日本はその両方を選んだ。**密かに戦争準備をしながらも、戦争を回避するため交渉を続けた**のだ。

しかしアメリカは日本からの譲歩案をことごとく跳ね除け、41年11月26日、ある文書を突きつける。

「満州を含めたアジアからの無条件撤退」などの要求が記された通称**「ハル・ノート」**で

ある。

この内容は、日露戦争から日本が積み上げてきたものをすべて捨てろと言っているようなもので、**弱肉強食だった当時の国際社会でも常軌を逸した要求**だった。

事実、当時のアメリカの下院議員Ｈ・フィッシュは「これでは日本に自殺するか、降伏するか、さもなくば戦うかという選択肢しか残されていなかったはず」と語っている。

この到底受け入れられない要求を前に、開戦反対派の声はかき消され、41年12月１日の御前会議で正式に日米開戦が決定したのだった。

アメリカは戦争したかった？

アメリカが傍若無人な交渉姿勢をとった理由として、**無理難題を押し付けることで、日本が戦争をするように誘導した**という説がある。

こうした陰謀論は戦時中から無数に論じられてきたが、近年、有力な証拠が発見された。それはハル・ノートを提案したフランクリン・ルーズベルト大統領の前任者だったハーバート・フーバーのメモである。

フーバーは終戦後にマッカーサーと面会し、日本との戦争は「対独戦に参戦する口実を欲しがっていた『狂気の男』の願望だった」と指摘。経済制裁は「対独戦に参戦するため、日

太平洋戦争開戦時のアメリカ大統領、フランクリン・ルーズベルト。1945年4月12日に脳卒中で他界し、ドイツ、日本の降伏を目の当たりにすることはなかった。

本を破滅的な戦争に引きずり込もうとしたものだ」と語ったという。

　狂気の男とは、もちろんルーズベルトだ。

　確かにアメリカが第二次世界大戦に参戦する動機は無数にあった。

　アジアでの権益拡大のほか、戦争を主導することで、戦後の国際社会での主導権を握ることも狙いだったといわれる。

　だが、当時のアメリカにはすでに資源が十分すぎるほどあり、国民は戦争をまったく望んでいなかった。民意を戦争に向けるには、敵国から一度手痛い攻撃を受ける必要があったのだ。

　そこで日本に白羽の矢がたった。

　日本は国家として致命的な欠点があった。

　重要物資を外国からの輸入に頼っていたため、物資の流れを止められるだけで国家の運営すら危うくなってしまう。**経済制裁で締め付ければ戦争**

太平洋戦争の開戦が決定したのちの東京。真珠湾攻撃の成功を喜ぶ市民が街頭を埋め尽くしている。(写真引用元:『講談社日録20世紀1941』)

を選ぶのは明白だったというわけだ。

もしもルーズベルトが本当に陰謀を企んでいたとしたら、狙いは完全に成功したといえる。

日本軍は41年12月8日、真珠湾攻撃を敢行。その翌日、**アメリカ各地の志願兵募集事務所には国民の長蛇の列ができた**のだから。

日本国民の奇妙な感情

一方、アメリカとの戦争が始まったとき、日本国民はどんな思いだったのだろう。その感情は、現在からみれば奇異とも思えるものだ。

たとえば竹内好《たけうちよしみ》という中国文学者の手記には、日米開戦を「爽やかな気持ち」で受け止めたとある。

そして「わが日本は東亜建設の美名に隠れて弱いものいじめをするのではないのかと今のいまま

で疑っていた」と続けるのだ。

すなわち、日中戦争は気の進まない〝弱い者いじめ〟だったが、**太平洋戦争は強い米英を相手にした〝明るい戦争〟**だ、というわけだ。

驚くべきことに、こうした感想は他の文化人や一般人の日記などにも散見されるのである。ひとつ補足しておくと、政府はアメリカとの圧倒的な国力の差を国民に隠さなかった。むしろ、その物量を克服するのが大和魂だとして、それを強調すらしていたのだ。

経済制裁以前にも、アメリカは日本人移民を排斥する法律をつくるなど、日本への挑発行為を繰り返していた。こうした鬱憤の積み重ねによって、**勝ち目のない戦争を肯定的に受け止められるほど、国民は怒りを覚えていた**のである。

topic.27
【ミッドウェー海戦】

太平洋戦争の敗北が決定的になった戦闘とは？

日本の快進撃にブレーキ

太平洋戦争において、日本は負けっぱなしのイメージが強いが、実際はそんなことはない。初戦となる真珠湾での圧勝にはじまり、東南アジアではヨーロッパ列強の駐留軍に圧勝するなど、戦争当初は快進撃を続けたのである。

劣勢に転じたのは、ある戦闘がきっかけだったとされる。1942年6月5日から、アメリカ軍の基地があるミッドウェー島で日本海軍とアメリカ海軍が衝突した「ミッドウェー海戦」だ。

アメリカの戦力は航空母艦3隻、巡洋艦7隻などだったのに対し、日本は航空母艦6隻、戦艦11隻、重巡洋艦10隻と圧倒的な多勢だった。

しかし、蓋を開けてみれば日本軍は赤城、加賀、蒼龍、飛龍など主力空母を4隻失う大敗

1941年に撮影されたミッドウェー島。ハワイ諸島北西にある非常に小さな島だが、太平洋を横断する航空機の補給地として軍事的に重要な役割があった。

を喫してしまったのである。

このミッドウェー海戦には、敗北を決定づけた**「運命の5分間」**があったというのが定説だ。ことのあらましは次のとおり。

海戦の最大の目的は、ミッドウェー島を攻め落とすことだったが、その際にアメリカ軍の空母艦隊が反撃してきた場合、それを攻撃し、数を減らすことも重要な狙いだった。

そのため日本軍の戦闘機の武装は、基地を爆撃するための爆弾と空母を攻撃するための魚雷の2種類が用意されており、攻撃対象によってこれを積み替える必要があった。

戦闘が始まったものの、敵空母を発見できなかった日本軍は戦闘機に爆弾を積み込み始めた。

だが、急遽敵空母が現れたため、今度は大急ぎで魚雷に積み替えることになった。

この時間のロスが致命傷だった。

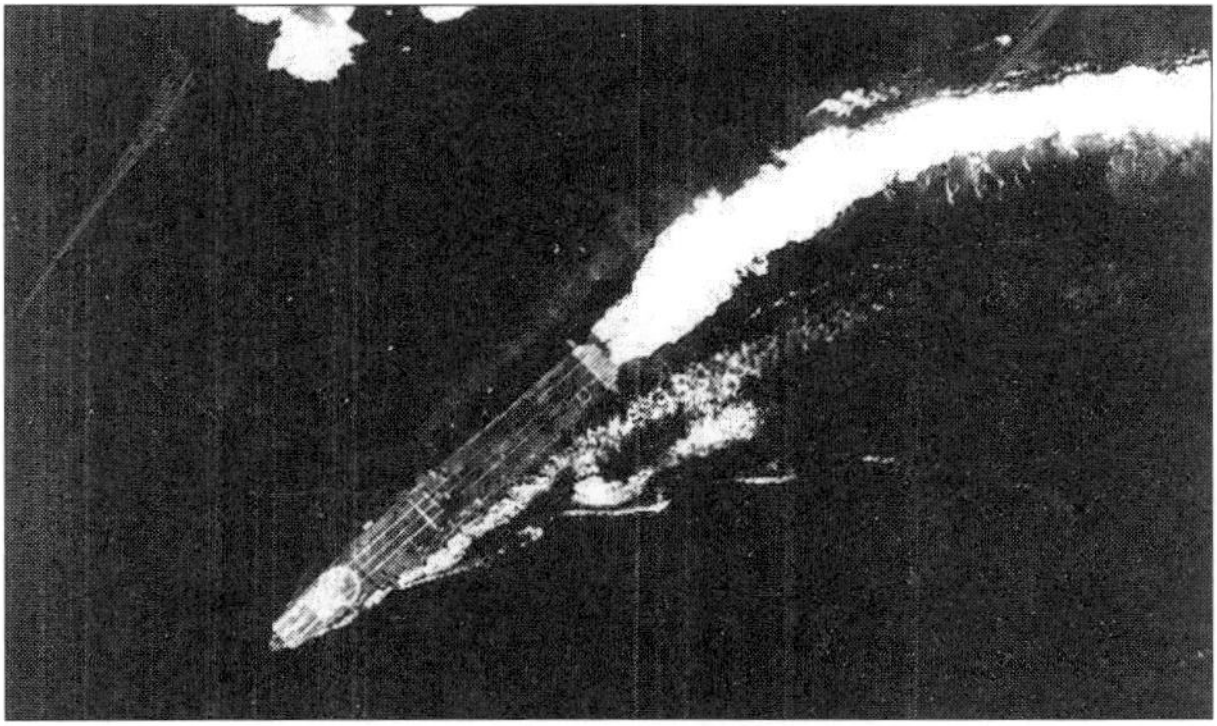

回避行動をとる空母「飛龍」。アメリカ軍の攻撃開始かから約1時間後の場面で、この時点では甲板上にはほとんど航空機が並んでいるようには見えない。

あと5分で戦闘機が出撃できるというところで敵戦闘機が襲いかかり、日本軍の戦闘機や空母は、無防備なまま撃破されてしまったのだ。

5分早く武器の積み替えが終わっていれば勝敗も変わっていたとされ、その無念から「運命の5分間」といわれるのである。

しかしながら、本当にこの「5分間」が存在したかどうかについては反論の声も多い。

というのも、「あと5分で出撃できていた」と語るのは草《くさ》鹿《か》龍《りゅう》之《の》介《すけ》参謀長などの一部の将校だが、より多くの日米の生存者が、**襲撃の時点で戦闘機は空母の甲板に並んですらいなかった**と証言しているのである。

解読されていた暗号

つまり、この戦いは紙一重の敗北ではなく、負ければくして負けたのだともいえる。圧倒的な戦力差を覆したのはアメリカの情報力だった。

当時の日本海軍の暗号は、アメリカを「K」、ソ連を「V」、英領太平洋諸島は「R」というように国名や地名をアルファベットで表していた。

アメリカ軍は日本軍の次の攻撃先を割り出すことに躍起になっていたが、通信は傍受していたものの暗号が解読できない。

けれど、ある時期から日本軍の暗号網に「AF」という単語が頻繁に現れるようになった。アメリカ軍の暗号解読班は、それがミッドウェー島を指しているのではないかと考えたが、決定的な証拠がない。そこで一計を案じた。

あえて日本軍が傍受できるよう、「ミッドウェー島で真水が不足している」という嘘の情報を暗号化せずに流したのだ。

すると、直後に日本軍の暗号網に「AFは真水が不足しているようだ」という報告が現れた。

これによって「AF」がミッドウェー島であることが判明。さらに暗号の解読は進められ、攻撃の日時まで割り出された。

日本軍は奇襲のつもりだったが、アメリカ軍は万全の体制で迎え撃つことができたのである。

ちなみにアメリカが暗号の解読に成功したのは5月27日。日本は防衛上の理由で定期的に暗号を変更していたが、それは5月28日だった。

もっと早く暗号を変更していれば、アメリカ軍が暗号を解読することもなく、日本軍の奇襲も成功していた可能性があったのだ。

太平洋戦争の本当の敗因

さて、先述の通り、ミッドウェー海戦で主力空母を失ったことが原因となり、日本は敗戦への道を転げ落ちていったといわれることが多い。が、この説にはやや誤解がある。

というのも、ミッドウェー海戦後の１９４２年12月の段階でも、太平洋上の空母は日本６隻、アメリカ３隻と倍の戦力差があった。

すなわちミッドウェー海戦に敗北しても半年以上は戦場の主導権を握っていたのである。

では、なにが戦況をひっくり返したかというと、**アメリカの怪物じみた工業生産力**だった。

１９４３年６月の時点で太平洋上の空母は日本６隻、アメリカ11隻となり、その１年後には戦闘の損失による増減もあるが、日本６隻、アメリカ21隻と３倍以上の差がついてしまう。

つまり、ミッドウェー海戦の勝敗にかかわらず、開戦時から日本の敗北は決まっていたのだ。

山本五十六の絶望とは？

この事実を日本でもっともよく理解していたのは、真珠湾攻撃やミッドウェー海戦を立案した山本五十六連合艦隊司令長官本人だった。

山本は当初から開戦反対派で、事実上アメリカに参戦を決意させた日独伊三国軍事同盟の調印に対し、「全く狂気の沙汰。（中略）東京は何度も破壊され最悪の状態が来る」と語っていた。

そう語りながらも、彼は戦争初期の日本軍の快進撃を成功させたのだが、その真意は戦争に勝利することではなかった。

アメリカの工業力が大量の空母を作り出す前にできる限り被害を与え、戦意を喪失させたうえで講和に持ち込むことだったのである。

けれど、ミッドウェー海戦の大敗を境に、軍令部は長期戦を主軸とした戦略へ方針を変えた。

さらに主力空母を失ったことから、山本が狙っていた、**短期間で勝利を収め、講和に持ち込むという戦法は非常に難しくなった。**

そんな山本が戦死したのは、ミッドウェー海戦から約10カ月後、ソロモン諸島でのこと。

山本五十六。太平洋戦争においてアメリカが最も危険視した戦略家のひとりだった。
1943年、ソロモン諸島で米軍に殺害された後は、約1カ月間その死が秘匿され、5月21日に発表。6月5日に国葬された。皇族や華族ではない平民の国葬が行われたのは戦前唯一の例だった。

前線の航空基地を視察するために飛行していたところをアメリカ軍機に撃墜されたのだ。

実はアメリカ軍はかねてから山本の抹殺を企んでおり、その行動予定を緻密に調査していた。

日本軍側もそれを懸念しており、山本の視察の際には大量の護衛機をつけようとしていたが、山本が「大切な飛行機をたかが護衛のために、そんなに飛ばす必要はない」と拒否。

山本を護衛していたのは零戦6機。襲撃したアメリカ軍機は16機に及び、為す術無く撃ち落とされてしまったのである。

一説に山本は、猛反対していたアメリカとの戦争が始まり、講和の望みもなくなった状況に絶望していたとの説がある。死に場所を探しており、そのために護衛を断ったともいわれる。

topic.28
【日本軍】

陸軍と海軍はなぜ犬猿の仲だったのか？

野放しだった日本軍

もしも現在の日本で防衛省が勝手に戦争地帯へ自衛隊を派遣したり、財務省が独断で消費税を引き上げたりしたら、大混乱が起きるだろう。

しかし実際のところ、内閣総理大臣がしっかりと各省庁を統括しているため、このようなことは当然起きることはない。

けれど、太平洋戦争前の日本ではこの**「当たり前」が守られていなかった**。日本が太平洋戦争に突入した原因のひとつである「軍部の暴走」は、まさしくこの欠陥から生じたともいえる。

憲法上は日本軍の最高指揮官は天皇ということになっていたが、立憲君主という立場上、天皇が実際に軍を指揮することはなかった。

戦車に搭乗する日本陸軍の兵士(左)。94式水上偵察機を甲板に引き揚げる日本海軍の水兵(右)。(右・写真引用元:『増補版日本海軍航空隊戦場写真集』)

つまり、**日本軍全体の監督権をもつポジションは事実上不在**で、陸軍と海軍はそれぞれ勝手に何をするかを決めることができたのである。

無用の長物だった大本営

さらに、陸軍と海軍の足並みが揃っていなかったことも日本軍の特徴だ。

確かに、陸海軍を統括する機関として「大本営」があった。

これは戦争時のみに設置される役所のようなもので、陸海軍の意思統一や戦争の方針を決定する役目をもっていた。

ところが、実のところ**「大本営」はほとんど機能していなかった**のだ。

陸海軍の人々が同じ場所で勤務することはなく、陸軍は自軍の参謀本部に「大本営陸軍部」の看板を取り付け、海軍は自軍の軍令部に「大本営海軍部」の看板を取り付けただけ。

つまり実態は、陸海軍はそれまで通り、自分たちの思うままに戦争を進めただけだった。通常、ほとんどの国の陸軍と海軍には共通の参謀統合本部があり、情報を共有して協力しあっている。陸海軍の足並みが揃わなければ作戦が非効率になるからだ。

驚くべきことに、日本の陸海軍が太平洋戦争で行った共同作戦はたったの**3回**。

さらに、共同作戦という名目でも、海軍の支援要請に対し、陸軍が戦力を出し惜しみするなど、**非常に非協力的**だったのである。

なぜここまで他人行儀だったのだろう。

犬猿の仲だった陸軍と海軍

そもそも日本の陸軍と海軍はその出自からして違っていた。

創設当初の陸軍の幹部は長州藩出身者が多くを占め、海軍の幹部は薩摩藩出身者が多かった。

この藩閥の対立があったほか、陸軍はフランス陸軍の軍制を参考にし、やがて外征軍としての機能を強化するため、ドイツ陸軍の軍制に転向。一方で海軍は創設当初からイギリス式の軍制で、両者には当初から強い派閥意識があった。

それでも初期は協力しあうこともあったのだが、状況を変えたのは**日露戦争の日本海海戦**

戦前日本の軍隊の近代化には西洋の顧問団が大きく寄与した。写真は1867年に来日したフランス軍事顧問団。

における日本海軍の圧勝だったといわれる。

それまでは軍といえば陸軍を指すほど陸軍の存在感が大きかったが、艦隊の重要性が高まり、海軍の評価が急上昇。すると両者の間に苛烈な競争意識が芽生えるようになったのだ。

何を巡る競争なのかといえば、**予算**である。

陸軍も海軍も、より軍備を充実させるために予算が欲しい。限られた予算をより多く得るためには相手よりも優れているところをアピールする必要がある。こうした背景から、足の引っ張り合いともいえる対立が表面化していく。

戦前日本の歴史を通して見ると陸軍と海軍の予算はほとんど拮抗しているのだが、軍の規模でいえば終戦時で陸軍は約２９６万人なのに対して、海軍は約38万人と規模に大きな差があった。

そのため海軍は兵士の待遇が比較的良く、陸軍からは海軍が「甘い汁を吸っている」ように見えたのもいがみ合いに拍車をかけたようだ。

階級の呼び名すら違う陸海軍

陸軍と海軍のいがみ合いの根深さは見れば見るほど凄まじい。なにせ**兵器の規格から、ちょっとしたモノの呼び名まで違った**のである。

たとえば、陸軍と海軍の戦闘機は、機関銃の口径が違った。弾丸を共有しようという意識は皆無だったのだ。

ある兵器工場には陸軍用と海軍用の入り口があり、内部も完全に分割されていた。作業員や資材を分け合うことをしないばかりか、陸軍が右回りのネジにすれば海軍は左回りのネジにするなど、徹底的に差別化されていたという。

両軍で使われる言葉にしても、陸軍では長さの単位の「ｃｍ」を「センチ」と呼ぶ一方、海軍は「サンチ」と呼んだ。また、陸軍では大佐は「たいさ」、大尉は「たいい」と呼んだが、海軍では「だいさ」「だいい」と呼んだという。

ここまで来ると、子どものケンカである。

もちろん、こんなことをしても何のメリットもない。にもかかわらず、太平洋戦争での劣勢が決定的になった後もこれを継続するのだから、もはや病的というほかない。

日本陸軍が開発していた潜水艦「三式潜航輸送艇」。ちなみに、第二次世界大戦中に潜水艦をつくっていた陸軍は世界広しといえど日本陸軍だけだった。

その最たる例は、太平洋戦争中に陸軍が潜水艦を建造し、海軍が戦車を作っていたことだ。

互いに貸し借りすればいいだけの話だが、相手に主導権を握られることを嫌い、ほとんど**ノウハウがないまま独自開発**を行っていたのである。

現在でも官庁間での予算争いや権力争いは存在するが、それが許されるのは平時だからこそ。

敗戦は避けられなかったにせよ、陸軍と海軍が手を取り合っていれば、日本兵の戦死者はもう少し軽微だったともいわれる。

陸軍だけが悪玉ではない？

さて、日本の陸軍と海軍のイメージといえば、終始戦争に積極的だった陸軍に対して、海軍は日米開戦に反対していたことなどから、平和的な組織だったと思われることが多い。

確かに、満州事変や三国同盟など、日本を太平洋戦争に導いた事件は陸軍が主導したものだ。東京裁判でA級戦犯として死刑になった7名にも、海軍の軍人は含まれていなかった。だが、陸軍は悪玉、海軍は善玉と決めつけてしまうのは性急である。というのも、近年の研究では**海軍全体が戦争に反対していたわけではない**ことがわかり始めているのだ。

実際、海軍省が制作した文書で、三国同盟を推進すべきと記されたものが見つかっている。この文書を書いたのは高木惣吉《たかぎそうきち》海軍省調査課長（当時）。彼は戦後に多数の本を出版し、山《やま》本《もと》五十六《いそろく》や米内光政《よないみつまさ》などの海軍提督が戦争に反対していたという話を普及させた中心人物である。

海軍が善玉というイメージは、こうした**海軍OBの戦後の活動によって、やや作為的に広められた結果**であるとの指摘もある。

topic.29
【捕虜の扱い】

日本軍は兵士の命を軽視していたのか？

あまりにも無謀な作戦の数々

戦争の専門家でなくても、その状況を聞くだけで「絶対に無理」と思うような無謀な作戦を乱発した太平洋戦争期の日本軍。

特攻などの作戦の存在もあり、兵士の命を軽視していたといわれることが多い。

なかでも「太平洋戦争で最も愚かな作戦」といわれたインパール作戦は、**開いた口がふさがらないほど悲惨**なものだった。

決行は1944年3月。インドの都市インパールを落とし、イギリスから中国の蒋介石《しょうかいせき》への軍事援助ルートを遮断することが目的だった。

この作戦には、当初から反対意見があった。

インパールがジャングルに囲まれた自然の要塞で、攻略が困難だったこともあるが、**食料**

インパール作戦において象に乗って進軍する日本軍。（写真引用元：『図説　太平洋戦争16の大決戦』）

などの補給が難しかったことが最大の問題だった。

しかし、作戦の指揮官である牟田口廉也《むたぐちれんや》中将は功を焦り、作戦を断行。陸軍の約9万人もの兵士が動員されたのだった。

この作戦が「愚か」と言われる理由は、今も昔も軍隊において最も重視すべき「補給」を完全に疎かにしていた点だ。

当初の予定では2週間でインパールを占領するはずで、兵士たちには2週間分の食料しか与えられていなかった。

けれど先述の通り、インパールは深いジャングルの果て。イギリス軍の予想外の抵抗もあり、行軍は遅れに遅れ、**食料が尽き始めてしまう**。

食料が尽きた場合は、物資を運ばせていた牛や山羊、羊など3万頭ほどの家畜を食用にする計画だったが、川に流されたり、イギリス軍の空爆に驚いて逃げ去ったりしてほぼ全滅していた。

兵士たちは本部に補給支援を求めたが、返答は**「現地調達せよ」という極めてずさんなもの。**

このような状況では戦えるはずもなく、さらにはインパール目前でイギリス軍の猛攻撃にあい、日本軍は総崩れになったのだ。

兵士たちは食料ももたずジャングルをさまよい安全圏をめざしたが、飢えやマラリア、イギリス軍の追撃によって3万5000人が戦死してしまったのである。

撤退のために兵士たちが歩いた道のりは、無数の死体が横たわっていたため**「白骨街道」**と呼ばれたほどだった。

なぜ降伏しなかったのか

戦争では国際法によって、投降して捕虜になれば身の安全が保証されることになっている。すなわち、日本兵たちも捕虜になっていれば無益に命を捨てることはなかったのだが、そもそも根本的な問題があった。

明治・大正時代の日本軍は国際法を遵守する精神が強く、捕虜になることにも寛大だったし、敵軍の捕虜も丁重に扱った。

けれど、昭和期に入ると徐々に**「捕虜＝恥」**という考え方が広がっていく。そして、それを確固たるものにしたのが、1941年に東条英機陸軍大臣が下達した**「戦陣訓《せんじんくん》」**である。

これは日中戦争の長期化を受けて軍の風紀が乱れ、強姦や窃盗などの不祥事が多発したた

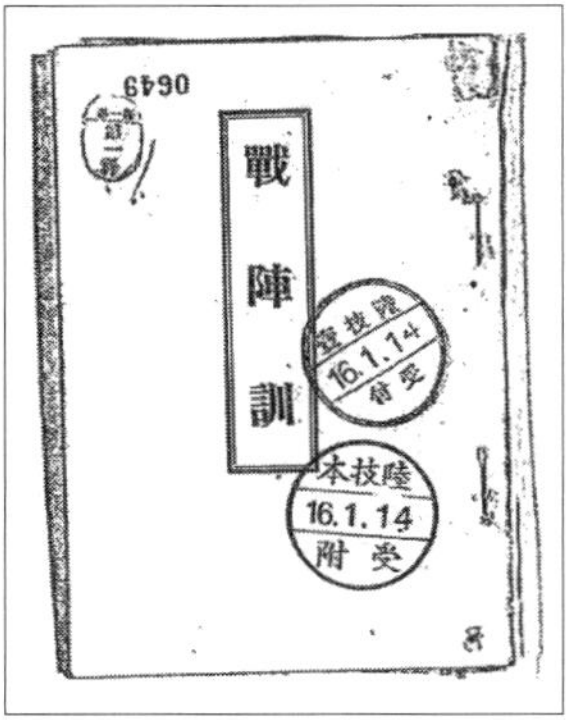

戦陣訓。手帳サイズに印刷されて全軍に示達されていたとされる。

東条英機。独裁者のイメージが強いが、メモ魔の小役人タイプだったとの説も。

め、それを律するためのものだったが、こんな一文が含まれていた。

「生きて虜囚《りょしゅう》の辱めを受けず、死して罪禍《ざいか》の汚名を残すことなかれ」

つまり**捕虜として生き残って汚名をかぶるよりは、潔く死ね**、ということだ。

あくまで訓示であり、規則ではなかったが、その影響力は絶大で、軍内部はもちろん日本社会の意識まで変えてしまう。

身内が捕虜になった一家は非国民の扱いを受け、**村八分的な差別に遭う**こともあった。そのため、捕虜になった日本兵のなかには本国にバレないように偽名を使った者もいたという。

戦陣訓によって、戦って死ぬことは〝美談〟に、捕虜になることは〝恥〟となり、死ななくてもいい大勢の日本兵が命を落としたのである。

ただし、捕虜になる意志があっても、無事に捕虜になれたかどうかはわからない。

明らかに戦闘不能な状態の日本兵を、連合軍が殺害していたという証言が複数残されている。たとえば、１９４３年のタイム誌の報道によれば、ラバウルからニューギニアに向かっていた日本の輸送船や駆逐艦《くちくかん》を撃沈したアメリカ軍は、その後、救命ボートで漂っていた３０００名近くの日本兵を機《き》銃掃射《じゅうそうしゃ》で殺害したという。

まさしく日本兵にとって、戦争は勝つか死ぬかの二択だったのである。

敵国の捕虜の扱いは？

このような意識からか、昭和期の日本軍の敵軍捕虜への扱いも劣悪だったといわれる。第二次世界大戦のアメリカ人捕虜の死亡率を地域別にまとめたアメリカの資料によると、ユダヤ人の虐殺で悪名高いドイツは１・２％であるのに対し、日本は37・３％に及んだという。

そうした日本軍の敵軍捕虜への扱いの酷さを象徴する事件として語りつがれているのが**「バターン死の行進」**である。

１９４１年12月、日本軍はアメリカ・フィリピン軍のフィリピン・ルソン島の基地へ進撃。苦戦の果てにここを陥落させ、敵軍をフィリピンのバターン半島に追い込むことに成功した。

バターンで日本軍に囲まれて行進するアメリカ軍捕虜たち。

翌年4月には敵軍を降伏させたのだが、問題はこの後だった。捕虜として投降してきた将兵はなんと7万人以上にも及んだのだ。

「捕虜＝恥」という考えが浸透していた日本兵にとって、これほど大量の捕虜は想定外。

彼らを養うための物資はまったく足りず、内陸のオドネル収容所まで移送することが決まる。これが悲劇の始まりだった。

収容所までの道のりは最長で120キロほどだが、大部分は徒歩で移動させるほかなかった。

炎天下のジャングルでの移動は4日間に及び、満足な食事を与えられなかった捕虜たちは**栄養失調や過労、伝染病で次々と死亡**していく。

また、本部からの命令によって一部の部隊による捕虜の殺害も行われ、**最終的には1万人以上の捕虜が命を落とした**のである。

アメリカはこの一件を意図的な虐殺行為である

として、終戦後の軍事裁判では司令官だった本間《ほんま》雅晴《まさはる》中将を銃殺刑に処している。

ただし、「バターン死の行進」には異論もある。

そもそも収容所に移送しなければ捕虜たちはその場で野垂れ死にすることになり、より多くの死者がでた可能性が指摘されているのだ。

さらに、残り少ない食料を捕虜に分け与えたため、**日本兵も捕虜と同様の食事をとっていた**ほか、味噌汁などを気持ち悪いといって飲まない捕虜もいて、栄養失調に拍車をかけたという。

捕虜殺害命令にしても、そんな非道は行えないと無視を決め込んだ部隊も少なくない。

「バターン死の行進」の死者が完全に日本軍の責任だったかといえば、必ずしもそうとは言えないのである。

topic.30
【特攻】

「特攻」は戦果を挙げたのか？

狂気の作戦はなぜ生まれた？

「零戦に250キロ爆弾を抱かせて体当たり攻撃を行うほかない」

1944年10月19日、悪名高き「特攻」作戦は、日本海軍第一航空艦隊司令長官・大西瀧治郎《おおにしたきじろう》中将の一言で産声をあげたといわれる。

太平洋戦争開戦当初、破竹の快進撃を続けていた日本軍だが、ミッドウェー海戦の大敗以降は劣勢に転じ、大西が指揮を執るフィリピン・レイテ島も陥落の寸前にあった。

レイテ島が奪われれば日本本土と南方占領地域を結ぶ補給路が断たれ、正真正銘、敗戦が確定してしまう。**状況を打破するにはこれまでにない〝神懸かり〟的な作戦が必要**とされたのだ。

同年10月25日、レイテ島を24名の若者たちが飛び立った。「神風特別攻撃隊《しんぷうとくべつこうげきたい》」、あの神風特

レイテ島での神風特攻隊の特攻によって沈没するセント・ロー。(写真引用元:『歴史人 太平洋戦争の「特攻」の真実』)

攻隊の初めての出撃だった。

特攻といえば沖縄戦の悲劇がよく知られているが、**レイテ島がすべての始まりだった**のだ。

この攻撃によってアメリカ軍空母1隻が撃沈、ほか5隻が破損。特攻を目の当たりにしたアメリカ軍では戦意を喪失する兵士が続出し、恐怖からノイローゼに陥る者もいた。

このレイテ島での戦果を受け、以後、特攻は日本軍の中心的戦術になっていく。だが、特攻は最終的にはどれほどの戦果をあげたのだろう。

日本海軍は終戦までに２１４９機の特攻機を投入したが、米軍の発表によると沈没48隻、損傷３１０隻と戦争全体で見れば微々たるもの。その命中率は18・6%と惨憺《さんたん》たるものだった。

特攻をより悲劇的にするのは、太平洋戦争初戦の魚雷命中率約40%という数字である。**命をかけての〝最終手段〟の戦果は、通常攻撃よりもはる**

かに低かったのだ。

大本営は特攻に反対だった？

ほとんど効果がない特攻を終戦まで続けたことから、日本軍は「狂気の軍隊」のレッテルを貼られることがある。なぜ特攻は続いたのか。

意外なことに、特攻が発案された当初、**軍の上層部は反対**していた。

大西から特攻作戦の発案を受けた及川古志郎《おいかわこしろう》軍令部総長は「了解するが、しかし命令はしてくれるな」と語っている。

大西自身も、特攻が大日本帝国を勝利に導くとは考えていなかった。大西はある参謀長に、「（特攻でフィリピンを防衛できる）見込みは九分九厘ない。特攻の報告を耳にした天皇陛下は必ず『戦争をやめろ』と仰せられる。そうなれば皆従わざるを得ない」（要約）と語っている。

大西にとって特攻は戦争の傷を最小限にするための苦肉の策だったのだ。

しかし、特攻の事実は天皇の耳に入ったが、大西が期待した**「戦争をやめろ」といった言葉はなかった**といわれる。

そもそも昭和天皇は立憲君主という立場をとっており、政治や軍事に介入する言動はどの

日本陸軍が開発した航空機「剣（キ115）」。推定速度は時速550km 。海軍からは「藤花」と呼ばれた。海軍には特攻機に「花」という名をつける習慣があったため、特攻機であったことは明らかだった。

ような形でも行うことがなかったのだ。

結局大西は、特攻の継続を決断した。

このような背景から「特攻の父」と呼ばれる大西だが、彼の発案以前から特攻兵器「桜花《おうか》」（グライダー式人間爆弾）や「回天《かいてん》」（人間魚雷）の開発と訓練が始まっており、特攻を推進する軍人はほかにも存在した。

大西はたまたま最初の命令を下しただけであり、**特攻は時代と暴走した軍部という大きな流れによって引き起こされた悲劇**だったのである。

特攻兵器の劣悪な性能とは？

特攻が盛んになると、さまざまな特攻兵器が開発されていく。

生還を前提としない特攻兵器は、その構造自体が狂っていた。

なかでも最悪と称されるのが「キ１１５」、通称「剣《つるぎ》」

である。

陸軍が開発したこの航空機は**胴体がブリキ、驚くべきことに尾翼は木でつくられていた**。

操縦性は劣悪で、テストパイロットは「これを本当に実戦で使う気か！」と激怒したという。

さらに離陸すると車輪は分離する仕組み。乗ったら最期、まさに〝空飛ぶ棺桶〟だった。

しかし、開発者曰く「剣は特攻機ではない」という。

彼らの言い分では、剣は資材不足に対応した爆撃機であり、着陸の際は海上などに**胴体着陸**するのだという。

だが、ブリキと木で構成された航空機が胴体着陸など行えば、文字通り海の藻屑《もくず》になってしまうことは想像に難くない。

剣は約100機が生産されたが、実戦投入される前に終戦を迎えた。

また、人間魚雷「回天」は特攻兵器のなかでも特に有名だ。

魚雷に人間が乗り込み、操縦することで命中率の向上をめざしたこの兵器は1550キロもの爆薬を搭載し、一撃で戦艦をも撃沈できる破壊力を有したという。

だが、アメリカ軍の優れた対潜兵器の前に成功率は低く、終戦までに約150隻が出撃したものの撃沈は3隻。空母などの大型の艦艇に被害を与えることはなかった。

回天は非常に操縦が難しく、目標に辿りつけないことも多かったという。

人間魚雷「回天」。エンジンからのガス漏れで乗組員が中毒を起こすなど、多くの問題を抱えていた。（資料提供　大和ミュージアム）

しかし、脱出装置はなく、**一度出撃すれば攻撃の成否にかかわらず乗員の命はなかった。**

航空機に関してはさらに劣悪な「タ号特殊攻撃機」がある。**全て木製**、最高時速はたった180キロという耳を疑うような機体だ。

幸いにも実戦投入前に戦争が終結した。

特攻隊員の思いとは？

こうした常軌を逸した兵器に搭乗し、犠牲になった兵士は陸海軍合計で推定約6000人。

その大半は予備学生や少年航空兵で、兵器の操縦を覚えたばかりの20歳前後の若者だった。

公的には志願したことになっているが、実情は違う。**上官の圧力で強制されたり、勝手に特攻隊に組み入れられたりするケースが多かった。**

また回天の隊員募集文書には「その性質上、特

学徒報国隊に見送られながら沖縄戦に向かう特攻隊員たち。(写真引用元:『週刊日録20世紀1944』)

に危険を伴う」とだけ記され、特攻兵器と知らずに志願した若者もいたという。

そんな彼らの多くが、最終的には任務にあたり、太平洋の空と海に散っていった。

そのとき、彼らは何を思ったのだろう。

彼らが残した遺書には、家族や恋人への感謝やその幸せを願う言葉が数多く見られる。

一概に決め付けることはできないが、彼らにとって国を守ることとは大切な人々を守ることだったのではないだろうか。

南西諸島に散った陸軍・新井一夫軍曹の辞世の句には、その一縷《いちる》の思いが込められている。

君が為花と散る身の悦びを
胸に抱いて我は往くなり

topic.31
【原子爆弾】

原爆投下は人体実験が目的だった？

死者数十万人の地獄絵図

１９４５年８月６日、広島。この日、人類の歴史上で初めて原子爆弾が使用された。アメリカ軍のＢ29爆撃機「エノラ・ゲイ」から投下された原爆「リトルボーイ」は、上空６００メートルで炸裂。

爆心地から約５キロの場所でこの爆発を目撃した証言は、想像を絶する。

「ピカっと強烈に光った物体が、満月くらいの大きさで透明なオレンヂ色、そのまわりに輝く光の輪が次々と８つほどできた。輪が地上に接した瞬間、大きな火柱が立ち上る、それを中心に火災が広がると見た瞬間、光る物体は消え去った。そして爆発音が響き、熱風が襲ってきた」

犠牲者は約14万人（誤差１万人）にのぼり、その後、原爆症によって約６万人が亡くなった。

広島を襲った原爆。爆心地は、キノコ雲と爆風による粉塵で太陽光が遮断され、投下直後は暗闇に包まれたという証言もある。

そして9日には長崎に原爆「ファットマン」が投下される。爆発の犠牲者は約7万人（諸説あり）、原爆症で約3万人が亡くなった。

アメリカが原爆を投下した理由は、戦争を継続しようとする日本の意志をくじいて降伏に導くことで、**自軍の兵士たちをこれ以上死なせない**ためだったといわれる。

「戦争が続けば犠牲になっていたであろう何十万人もの命を救った」というのは、当時のアメリカ大統領ハリー・S・トルーマンの言葉だ。

また、**ソ連を牽制し、終戦後の主導権を握る**ためだったともいわれる。

しかし、それがすべてだったのだろうか。

原爆投下は実験だった？

広島型原爆「リトルボーイ」と長崎型原爆

「ファットマン」のメカニズムが全く異なるものだったことは、あまり知られていない。

リトルボーイはウラン235を使用したシンプルな構造のもの。一方でファットマンはプルトニウム239を使用した「圧縮爆発型」で、設計から製造まで高い技術力が必要となる。広島と長崎の原爆は、**2種類の原爆の破壊力を検証する人体実験だったという説がある**のだ。

アメリカが原爆開発に着手する発端となったのは、ユダヤ人物理学者レオ・シラードが大統領に送った手紙である。それはナチス・ドイツが原爆開発を始めたことを警告する内容だった。

当初は関心を示さなかったアメリカだが、次第に原爆の完成が現実味を帯びてくると焦りを覚え、1942年10月、原爆開発に乗り出した。これが、かのマンハッタン計画である。

3年間で5万人の科学者と技術者が投入され、1945年7月16日、とうとう国内で最初の爆発実験に成功する。そして、リトルボーイとファットマンというふたつの原爆が完成した。

ところが仮想敵だったドイツはすでに降伏しており、**日本も沖縄が陥落し、間もなく降伏することは目に見えていた**。

するとアメリカは実験成功からたったの3週間で、広島に原爆を投下するのである。

当時、ソ連が日本へ宣戦布告することが決定しており、そうなれば日本が降伏する可能性がさらに高くなる。

実験成功から投下までが異例なほど短期間だったこと。これこそ、**敵国が存在するうちに原爆を実戦で試しておきたかった**、という説が囁かれる理由なのだ。

事実、マンハッタン計画に参加していた科学者ジェイムス・フランクは、砂漠か無人島でその威力を各国に示すことで戦争終結の目的が果たせるという内容のレポートを提出しているが、アメリカ政府は無視しているのである。

ともあれ、原爆の脅威を目にした日本はポツダム宣言を受諾し、降伏を決定したのだった。

日本にもあった原爆開発計画

原爆投下は歴史上最悪の残虐行為のひとつだ。

けれど、もしかしたら日本も原爆を使用していた可能性があった。太平洋戦争中、**日本にも原爆開発計画が存在した**のだ。

日本陸軍は１９４１年から、日本の現代物理学の父と呼ばれる仁科芳雄《にしなよしお》の主導のもと「ニ号研究」を、海軍も同年から京都大学の荒勝文策《あらかつぶんさく》に依頼し「Ｆ号研究」をスタートさせている。

２つのおもな違いは、天然ウランからウラン２３５を分離・濃縮する方法で、前者は「熱拡散法」、後者は「遠心分離法」を採用していた。

日本の原爆開発の中心的役割を果たした仁科芳雄博士。日本の現代物理学の父とも呼ばれ、日本初のノーベル賞受賞者である、湯川秀樹にも影響を与えたといわれる。

ただ、当時の日本の科学力は欧米に遅れてはいなかったものの、実現には無数の障害があった。とくに問題だったのは、国土や植民地から天然ウランがほとんど産出されなかったことだ。

ウラン235は天然ウランに0・7％しか含まれていない。実験から実用化までを考えれば、膨大な量の天然ウランが必要だった。

そこで日本はナチス・ドイツの手を借りる。

1945年3月末、ドイツから日本に向けて潜水艦が出港した。積み荷は、560キロもの「ピッチブレンド」と呼ばれる酸化ウランだった。

しかし、運命とは数奇なもので、同年5月、潜水艦が日本に到着する前にドイツは降伏。潜水艦も連合軍に投降してしまう。

やがて同年6月に「ニ号研究」の中止が、7月には「F号研究」の中止が決定し、**日本の原爆開発計画は幕を閉じた**のである。

けれど、ドイツからウランが運び込まれていても、原爆開発の成功は難しかったといわれる。

５６０キロの酸化ウランからは、ウラン２３５は3キロしか採れなかった。これでは実用化にはまるで足りない。

また、「二号研究」が採用していた「熱拡散法」では、兵器利用できる濃度のウランを得るのに**１００年近くの時間がかかる**という。

そもそも日本が原爆開発に投じた予算は約６００万円（当時）。一方、アメリカはというと約20億ドル（当時）。

とても**同じ研究をしているとは思えないほど予算に開きがあった**のである。

消えた長崎の〝原爆ドーム〟

ところで、原爆の悲惨さを伝える遺構として広島に原爆ドームが残されているが、長崎にも同様の建物が存在したことをご存知だろうか。

それは浦上天主堂《うらかみてんしゅどう》というカトリック教会だ。

原爆によって教会は一瞬で廃墟と化し、なかにいた神父や信者は全員亡くなってしまう。

その後、原爆ドームと同様に保存することが検討されていたが、１９５８年に撤去された

原爆によって破壊された浦上天主堂。1959年に再建され、現在は長崎の観光名所になっている。

のだ。

当時の市長が日米関係を考慮したといわれているが、**アメリカからの圧力があったのではないか**とまことしやかに囁かれている。

キリスト教徒が多いアメリカにとって、信仰の象徴である教会に原爆を落としたという事実は、国民の反感を買うには十分な出来事だった。

問題になる前に、そのような〝汚点〟を消し去ろうと考えたとしても不自然な話ではない。

topic.32
【玉音放送】

終戦の日に起きたクーデター「宮城事件」とは？

無条件降伏への葛藤

「戦争継続は不可能であると思います。ポツダム宣言を受諾し、戦争を終結させるほかない」国中を震撼させた原爆の投下、ソ連の宣戦布告を受け、1945年8月10日、当時の首相・鈴木貫太郎《すずきかんたろう》は最高戦争指導会議でそう発言した。

誰がどう見ても日本に戦う力は残されていない。だが、意外にも会議は紛糾した。というのも、ポツダム宣言は完全な無条件降伏の要求だったため、**譲歩を求めるべきだという意見が噴出**したのである。

そして、鈴木首相、東郷茂徳《とうごうしげのり》外務大臣、米内光政《よないみつまさ》海軍大臣は「国体（天皇制）の維持」のみを条件に付け加えるべきと主張。それに対し、阿南惟幾《あなみこれちか》陸軍大臣らは追加で「武装解除は日本人の手で行う」「戦争犯罪の処罰は自主的に行う」「日本本土を占領しない」の3条件を

日本がポツダム宣言を受諾したことを発表するトルーマン米大統領。

希望。

議論の決着はつかず、天皇の聖断にゆだねることになった。

天皇は鈴木首相らの意見を支持した。そして、**日本側は国体の維持を条件に、ポツダム宣言を受諾する旨を連合国側に打診**したのである。

しかし連合国側の姿勢は、あくまで無条件降伏を求める強硬なもの。

無条件降伏となれば、戦争責任者の抹殺や天皇制の廃絶、国家の解体などが行われることも考えられ、再び議論は紛糾の一途を辿った。

最後の決断を下したのは、やはり天皇だった。

「自分がどうなろうとも、国民の命を助けたい」

こうして日本は無条件降伏を受け入れることとなり「終戦の詔勅《しょうちょく》」、いわゆる「玉音放送《ぎょくおんほうそう》」が流されることが決まったのである。

当初は天皇がマイクから直接国民に語り掛ける

予定だったが、あまりにも恐れ多いとの理由から、録音したレコードを流すことになった。

降伏を阻止するクーデター

ところが、である。首脳たちが降伏に至る議論を続けていた水面下で、陸軍による不穏な計画が進められていた。

陸軍の強硬派は、あくまで徹底抗戦すべきと考えていた。それを実現するため、部隊を展開して天皇がいる宮城《きゅうじょう》（皇居）を隔離し、首相ら政府要人を捕らえ、戒厳令を発して**戦争を継続するというクーデターを企てていた**のである。

玉音放送が流される2日前の8月13日、陸軍将校らは阿南陸軍大臣に面会し、クーデターの決起を迫った。

だが、大臣はそれを拒否。「不服の者は自分の屍《しかばね》を越えていけ」と述べて、彼らをたしなめた。

大臣の捨て身の説得に、ほとんどの将校らはクーデターの中止を受け入れたが、どうしても諦めきれない者たちがいた。畑中健二《はたなかけんじ》少佐、井田正孝《いだまさたか》中佐ら、一部の青年将校だった。

8月15日、玉音放送と同じ日に、彼らは実力行使に出た。宮城を占拠し、玉音放送の録音盤を奪取しようという、通称「宮城事件」である。

クーデター、決行

15日午前1時、井田は宮城の近衛《このえ》師団長室にいた。近衛師団は陸軍でも最古参、最精鋭の天皇を直接守護する部隊である。

井田はそのトップである森赳《もりたけし》中将を説得し、クーデターへの参加を求めた。近衛師団の力があれば無謀とも思える反乱にも成功の見込みがあると考えたのだ。

井田と森の間で、どんなやり取りがあったかには諸説ある。が、目論見は頓挫した。**部屋に畑中が乱入し、森を射殺してしまった**のである。

すると畑中らは、死んだ森に代わり、偽の師団長命令を発令。近衛師団を動して宮城を封鎖させ、宮内省や玉音放送が流される予定だった放送会館（旧NHK本部）を占拠したのである。

同時に玉音放送の録音盤の捜索も進められた。録音盤は前日に宮内省《くないしょう》内で録音を終え、省内の皇后事務官室の金庫に保管されていた。

が、反乱グループはそれを発見できなかった。

録音盤が奪われることはかねてより懸念されており、保管されている皇后事務官室のドアには**カムフラージュのために「女官寝室」という札がかけられていた**のだ。

国の命運を左右する録音盤を寝室に、それも女性の部屋に保管するとは、さすがの反乱グループも予想だにしなかった。

さらに15日未明には、事態を察知した東部軍司令部が近衛師団に解散を命令。これが決定打となり、クーデターは急速に収束していく。

畑中はそれでも諦めきれず、宮城周辺でクーデターを呼びかけるビラを撒いたといわれる。だが、計画続行が不可能であると悟り、午前11時過ぎ、宮城の坂下門付近で拳銃自殺を遂げた。

井田も自決を決意していたが、それを予見していた将校に止められ、拘束されている。

こうして宮城事件は終焉したのだった。

徹底抗戦の戦慄のシナリオ

かくして8月15日正午、「耐え難きを耐え、忍び難きを忍び……」という言葉が有名な玉音放送が国民の耳に届き、**日本は敗戦を迎えた**。

けれど、クーデターが成功し、もしも戦争が継続されていた場合、どうなっていたのだろう。

実は連合国が日本本土に上陸した場合を想定した、**最終作戦計画**は存在していた。

首謀者のひとり、畑中健二。遺書には「（自分は）護国の鬼になる」という記述が。

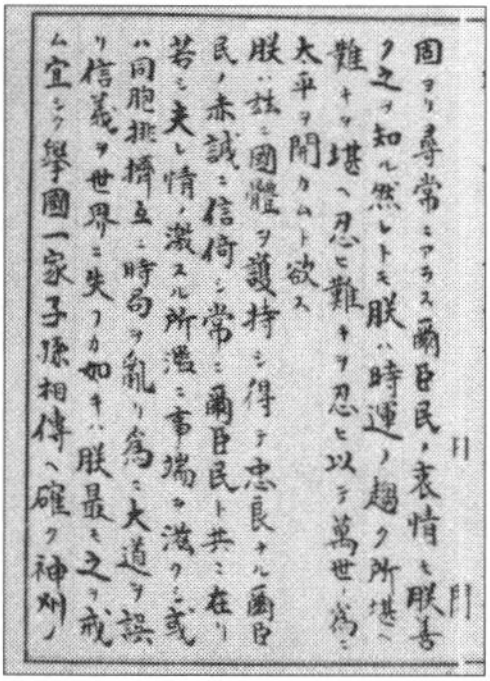

固ヨリ尋常ニアラス爾臣民ノ衷情モ朕善
ク之ヲ知ル然レトモ朕ハ時運ノ趨ク所堪ヘ
難キヲ堪ヘ忍ヒ難キヲ忍ヒ以テ萬世ノ為ニ
太平ヲ開カムト欲ス
朕ハ茲ニ國體ヲ護持シ得テ忠良ナル爾臣
民ノ赤誠ニ信倚シ常ニ爾臣民ト共ニ在リ
若シ夫レ情ノ激スル所濫ニ事端ヲ滋クシ或
ハ同胞排擠互ニ時局ヲ亂リ為ニ大道ヲ誤
リ信義ヲ世界ニ失フカ如キハ朕最モ之ヲ戒
ム宜シク擧國一家子孫相傳ヘ確ク神州ノ

終戦の勅書の原稿（一部）。（写真引用元：『週刊日録20世紀1944』）

45年1月20日に示達された「決号作戦」といい、戦争継続となれば、これが実行されていたと考えられる。その作戦像はあまりに壮絶だ。

この作戦のカギとなるのは同年4月に制定された「国土決戦教令」と、同年6月に公布された「義勇兵役法」というふたつの法令。

「国土決戦教令」は部隊の撤退と持久を廃止するというもので、「義勇兵役法」は本来兵士ではない15歳以上60歳以下の男子と17歳以上40歳以下の女子を義勇戦闘隊として招集するというものだ。

実際に連合軍が攻めてきた際には、この体制のもと戦闘機や回天による特攻に始まり、義勇戦闘隊は爆弾による自爆や竹槍《たけやり》などで肉弾攻撃を行うことになっていたのである。

膨大な犠牲者が出ることは目に見えており、連合国側は3発目、4発目の原爆を投下した可能性もある。**本土決戦はまさに日本と日本人を世界か**

1945年8月15日正午、玉音放送を聞いて泣き崩れる人々。大部分の国民にとって天皇の声を耳にする初の機会だった。(写真引用元:『週刊日録20世紀1944』)

ら消し去りかねない計画だったのである。

このような危険がありながら、宮城事件の犯人たちは戦争を継続して何を得ようとしたのか。

そのヒントは、無条件降伏をした場合、天皇の命が保障されないという点にある。

犯人たちも戦争を続けて勝てるとは一切考えていなかった。けれど、本土決戦で連合国に多大な被害を与えれば、天皇制の維持を認めさせたうえで講和できる可能性があると考えたのだ。

彼らの犯行はあまりにも向こう見ずなものだったが、彼らなりの国を守りたいという信念があったことも否定できないのだ。

topic.33
【東京裁判】

東京裁判は不当な裁判だった？

裁判の形をした復讐ショー

敗戦を迎え、連合軍の占領下となった日本では、戦争に関わった政治家や軍人が次々と逮捕され、1946年5月、極東国際軍事裁判、通称「東京裁判」が始まった。

A級戦犯の容疑者として逮捕された者は100名以上。太平洋戦争開戦時の首相・東条英機《とうじょうひでき》を筆頭に28名が起訴された。

戦争の事後処理として、軍事裁判が行われるのは当然のことだが、**東京裁判の内情は極めて異様**なものだった。

というのも、検察団はもちろん、中立であるべき判事も連合国から選ばれていたのだ。また、法曹経験のない者や、法廷の公用語である日本語と英語のどちらも使えない者もいた。

これでは公平な裁判などできるはずもないが、連合国はそれでかまわなかった。そもそも

東京裁判の法廷。市ヶ谷の旧陸軍士官学校講堂で開かれた。

公平な裁判を行うつもりなどなかったからである。

裁判は日本の戦争指導者を有罪にするという方針ありきで進められた。日本側が有利となるような証拠、たとえば、政府や外務省、軍部などの公的声明や中国大陸における排日活動の証拠などは、大部分が「証拠能力や重要性がない」というあいまいな理由で却下された。

一方で、検察側が提示する日本の戦争犯罪に関する証拠は、一般的に証拠能力が低いとされる伝聞のものでもほとんどが採用され、次々と有罪判決が下されていったのだ。

このような様子から東京裁判は、裁判とは名ばかりの連合国による「復讐ショー」だったともいわれている。

しかし、東京裁判の最大の問題点は別のところにあった。

A級戦犯の問題点とは？

連合国は戦犯をA級、B級、C級に分類していた。この3つの区分は、罪の重さではなく、適用する罪状で分けられたもので、A級は「平和に対する罪」、B級は「通例の戦争犯罪」、C級は「人道に対する罪」の容疑である。

東京裁判で裁かれたA級戦犯の「平和に対する罪」は、一言でいえば侵略戦争を始めた罪だ。

しかし、**開戦時の国際法には、このような罪状は影も形も存在しなかった**。

この罪状は、開戦前や戦時中は合法だった日本の戦争行為を裁くため、終戦間際に連合国によって大急ぎでつくられた**「事後法」**なのである。（「人道に対する罪」も同様）

事後法がまかり通れば、社会は根底から覆されてしまう。

極端な話をすると、ジャンケンのグーで勝った後、「ジャンケンでグーを出すのは禁止」という法律がつくられたために、そのジャンケンの勝敗が無効になるようなものだ。

もちろん現在の国際社会では原則として事後法の適用は禁止されている。

だが、東京裁判ではこうした不当な罪状によって、28名のA級戦犯のうち25名に有罪判決が下され、7名が死刑に処された。

被告の全員無罪を主張したパール判事。2009年に発見された資料による新説では、そもそも彼が東京裁判の法廷に招かれたのは、インド国内の手続きのミスだったとされる。

有罪にならなかった3名は病死などによる欠席で、事実上、起訴された者は全員が有罪になったのだった。

もちろん、このような判決に異議を唱えた判事も存在した。

法廷で唯一の国際法の専門家だったインド代表のラダ・ビノード・パール判事は、事後法は有罪の根拠にならないとして、被告の全員無罪を訴えている。

また、裁判の正当性を疑問視するアメリカ人政治家や弁護士もいたが、被告を戦犯とする〝決定路線〟はくつがえることはなかった。

天皇はなぜ裁かれなかった？

東京裁判を語るうえで、もうひとつ注目すべきことがある。それは起訴された者のなかに**昭和天**

皇が含まれていないことだ。

東京裁判は日本の戦争指導者を裁くための裁判だった。そして大日本帝国憲法では、天皇を国家と軍事の最高責任者と定めていた。となれば、真っ先に戦犯にされそうなものだが、戦犯容疑者のリストにすら含まれていないのだ。

もちろん連合国の内部には、昭和天皇を裁くべきだとする意見は多かった。

また、戦争末期のアメリカの世論調査では8割近くの国民が天皇の抹殺・処罰を望んでいた。

だが、この流れを断ち切った人物がいる。連合軍最高司令官**ダグラス・マッカーサー**である。

日本占領を現地で指揮した彼は、国民の天皇に対する感情や、国内の状況を目の当たりにし、46年1月、天皇を戦犯とすべきか判断を求められた際、このような見解を述べた。

「天皇を告発するならば、日本国民の間に必ずや大騒乱を引き起こし、その影響はどれほど過大視してもしすぎることはなかろう。（中略）（占領を継続するには）占領軍の大幅増強が必要不可欠となるだろう。最小限にみても、おそらく100万人の軍隊が必要となり、無期限にこれを維持しなければならない」

この報告を受けたアメリカは事態を深刻に受け止め、**天皇制を存続させることで、その影響力を統治の円滑化に利用したほうがよい**、という判断を下したのだった。

アメリカ大使館で撮影された昭和天皇とマッカーサーのツーショット。天皇がモーニング着用の正装であるのに対し、マッカーサーは通常の軍服姿。

自分の命を差し出した天皇

もっとも、憲法上では国家と軍事の最高責任者ではあったものの、天皇は自分の意思を政治的決定の場には極力持ち出すことはなかった。

さらに、原則的に内閣や軍部の決定を承認するだけの「立憲君主」だったことから、**そもそも天皇に戦争責任はない**という考え方もある。

事実、A級戦犯として死刑になった東条英機は、天皇は自分たちに説得され、厭々《いやいや》開戦を承認したと、はっきり法廷で証言している。

けれど、戦争責任がなかったという事実や周囲の意向がどうであれ、**天皇は、戦争の責任をすべて自分で受け止めるつもりだった。**

戦争終結から10年後、マッカーサーは当時の日本の外務大臣に、終戦直後に天皇と初めて面会したときのことを明かしている。

天皇はマッカーサーに対し、こんなことを言ったという。

「（戦争の）責任はすべて私にある。私の任命する所だから、彼等には責任はない。私の一身はどうなろうと構わない。どうか国民が生活に困らぬよう、連合国の援助をお願いしたい」

マッカーサーは人種差別的発想から日本人を見下しており、面会するまで天皇は命乞いをするだろうと考えていた。

しかし、天皇の誠実な態度を目の当たりにして「興奮のあまり、キスしたくなった」と語るほど敬服したという。

この面会があったからこそ、日本という国は現在の形で存続しているのかもしれない。

主要参考文献・サイト一覧

「20世紀　どんな時代だったのか　戦争編―日本の戦争」読売新聞社編（読売新聞社）
「教科書には載っていない大日本帝国の真実」武田知弘著（彩図社）
「教科書には載っていない！　戦前の日本」武田知弘著（彩図社）
「太平洋戦争の意外なウラ事情―真珠湾攻撃から戦艦『大和』の沖縄特攻まで」太平洋戦争研究会著（ＰＨＰ研究所）
「戦前の生活：大日本帝国の〝リアルな生活誌〟」武田知弘著（筑摩書房）
「昭和史の謎を追う〈上〉」秦郁彦著（文藝春秋）
「昭和史20の争点―日本人の常識」秦郁彦編（文藝春秋）
「明治・大正・昭和　30の『真実』」三代史研究会著（文藝春秋）
「大日本帝国の時代―日本の歴史〈8〉」由井正臣著（岩波書店）
「新発見！　週刊日本の歴史05　岐路に立つ大日本帝国」朝日新聞出版編（朝日新聞出版）
「東京の下層社会　明治から終戦まで」紀田順一郎著（新潮社）

「渡部昇一の昭和史」渡部昇一著（ワック）
「『月給百円』のサラリーマン―戦前日本の『平和』な生活」岩瀬彰著（講談社）
「戦前の日本を知っていますか？　―しくみから読み解く昔の日本」昭和研究グループ著、百瀬孝監修（はまの出版）
「真珠湾奇襲・ルーズベルトは知っていたか」今野勉著（読売新聞社）
「海戦史に学ぶ」野村実著（文藝春秋）
「真珠湾の真実―ルーズベルト欺瞞の日々」ロバート・Ｂ・スティネット著、妹尾作太男訳（文藝春秋）
「ハル回顧録」コーデル・ハル著、宮地健次郎訳（中央公論新社）
「昭和史　１９２６―１９４５」半藤一利著　（平凡社）
「戦前昭和の社会　１９２６―１９４５」井上寿一著（講談社）
「広島原爆戦災誌」広島市著（広島市）
「東京裁判の正体」菅原裕著（国際倫理調査会）
「日本天才列伝―科学立国ニッポンの立役者」学研編（学研）
「『大日本帝国』がよくわかる本―20ポイントで理解する　明治維新から太平洋戦争まで」太平洋戦争研究会著（ＰＨＰ研究所）
「昭和天皇独白録」寺崎英成著、マリコ・テラサキ・ミラー著（文藝春秋）

「『明治』という国家」司馬遼太郎著（日本放送出版協会）
「東条英機　封印された真実」佐藤早苗著（講談社）
「兵士たちの日露戦争―500通の軍事郵便から」大江志乃夫著（朝日新聞出版）
「捕虜の文明史」吹浦忠正著（新潮社）
「『日本陸軍』と『日本海軍』の謎」グループSKIT編著（PHP研究所）
「手に取るようにわかる太平洋戦争」瀧澤中著（日本文芸社）
「大日本帝国軍人の言葉―かつて日本を導いた男たちに学ぶ」柘植久慶著（太陽出版）
「日清・日露戦争　集英社版　日本の歴史（18）」海野福寿著、永原慶二編、児玉幸多編、林屋辰三郎編（集英社）
「新・地球日本史〈2〉明治中期から第二次大戦まで」西尾幹二編（産経新聞ニュースサービス）
「日本軍兵器の比較研究―技術立国の源流・陸海軍兵器の評価と分析」三野正洋著（光人社）
「戦略・戦術でわかる太平洋戦争―太平洋の激闘を日米の戦略・戦術から検証する」太平洋戦争研究会編著（日本文芸社）
「日本海海戦の真実」野村實著（講談社）
「江戸300藩の意外な『その後』―『藩』から『県』へ　教科書が教えない歴史」日本博学倶楽部著（PHP研究所）
「最暗黒の東京」松原岩五郎著（岩波書店）

「天皇と特攻隊」太田尚樹著（講談社）
「こんな時代があったのか!?　明治・大正　日本人の意外な常識」後藤寿一監修（実業之日本社）
「東条英機　阿片の闇　満州の夢」太田尚樹著（角川学芸出版）
「図説　特攻　太平洋戦争の戦場　全集・シリーズふくろうの本／日本の歴史」森山康平著、太平洋戦争研究会編（河出書房）
「日本陸軍がよくわかる事典―その組織、機能から兵器、生活まで」太平洋戦争研究会著（ＰＨＰ研究所）
「決定版　日本のいちばん長い日」半藤一利著（文藝春秋）
「戦艦入門―動く大要塞徹底研究」佐藤和正著（光人社）
「日中戦争一兵士の証言―生存率３／１０００からの生還」川崎春彦著（光人社）
「理想だらけの戦時下日本」井上寿一著（筑摩書房）
「『たら』『れば』で読み直す日本近代史―戦争史の試み」黒野耐著（講談社）
「大東亜戦争の実相」瀬島龍三著（ＰＨＰ研究所）
「大正時代の身の上相談」カタログハウス編（筑摩書房）
「明治大正史　世相篇」柳田國男著（講談社）
「朝日新聞の記事にみる恋愛と結婚〈明治〉〈大正〉」朝日新聞社編、朝日新聞編（朝日新聞出版）
「廃藩置県―『明治国家』が生まれた日」勝田政治著（講談社）

「本当は誤解だらけの『日本近現代史』世界から賞賛される栄光の時代」八幡和郎著（ソフトバンククリエイティブ）
「教科書が教えない歴史1～3」藤岡信勝著、自由主義史観研究会著（産経新聞ニュースサービス）
「それでも、日本人は『戦争』を選んだ」加藤陽子著（朝日新聞出版）
「教科書から消えた日本史」河合敦著（光文社）
「謎とき日本近現代史」野島博之著（講談社）
「阿片王―満州の夜と霧」佐野眞一著（新潮社）
「教科書には載っていない日本軍の謎」日本軍の謎検証委員会著（彩図社）
「ビジュアル　大正クロニクル（懐かしくて、どこか新しい100年前の日本へ）」近現代史編纂会著（世界文化社）
「ビジュアル　明治クロニクル（この国のかたちを決定づけた維新のドラマを読む）」御厨貴著（世界文化社）
「ミッドウェー海戦『運命の5分』の真実」左近允尚敏著（新人物往来社）
「ゾルゲ事件とは何か」チャルマーズ・ジョンソン著、篠崎務訳（岩波書店）
「図説　満州帝国（ふくろうの本／日本の歴史）」太平洋戦争研究会著（河出書房新社）
「零式艦上戦闘機と人間堀越二郎（Ｔｏｗｎ　Ｍｏｏｋ　日本および日本人シリーズ）」徳間書店編（徳間書店）

「第2次世界大戦・欧州戦線―1939―1945（毎日ムックーシリーズ20世紀の記憶）」毎日新聞社編（毎日新聞社）
「一億人の昭和史〈日本の戦史8〉太平洋戦争」毎日新聞社著（毎日新聞社）
「一億人の昭和史〈日本人1〉三代の女たち　上　明治・大正編」毎日新聞社著（毎日新聞社）
「一億人の昭和史〈11〉昭和への道程―大正」毎日新聞社著（毎日新聞社）
「一億人の昭和史〈日本人2〉三代の女たち　中　昭和・戦前編」毎日新聞社編（毎日新聞社）
「朝日クロニクル　週刊20世紀シリーズ」（朝日新聞出版）
「週刊　日録20世紀シリーズ」講談社編（講談社）
「別冊1億人の昭和史　兵器大図鑑　日本の戦史別巻5」毎日新聞社編（毎日新聞社）
「第1次世界大戦―1914―1919（毎日ムックーシリーズ20世紀の記憶）」毎日新聞社編（毎日新聞社）
「大日本帝国の戦争（1）（毎日ムックーシリーズ20世紀の記憶）」毎日新聞社編（毎日新聞社）

「厚生労働省ホームページ」（http://www.mhlw.go.jp/）
「警視庁ホームページ」（http://www.keishicho.metro.tokyo.jp/）
「国立公文書館ホームページ」（http://www.archives.go.jp/）

【著者略歴】

小神野真弘（おがみの・まさひろ）
ライター、フォトグラファー。1985 年生。日本大学藝術学部、ニューヨーク市立大学ジャーナリズム大学院卒。朝日新聞出版、メール＆ガーディアン紙（南アフリカ）勤務等を経てフリー。アジア、アフリカ、南アメリカの国々を中心に公共政策、コミュニティ、貧困問題等をテーマに取材・執筆を行う。著書に『SLUM　世界のスラム街探訪』『アジアの人々が見た太平洋戦争』（ともに彩図社）がある。

大日本帝国《だいにほんていこく》の謎《なぞ》

2019 年　8 月 5 日　第一刷
2019 年 10 月 1 日　第二刷

著　者　小神野真弘

発行人　山田有司

発行所　〒 170-0005
株式会社　彩図社
東京都豊島区南大塚 3-24-4
MT ビル
TEL：03-5985-8213　FAX：03-5985-8224

印刷所　新灯印刷株式会社
URL　http://www.saiz.co.jp　https://twitter.com/saiz_sha

 ISBN978-4-8013-0386-7　C0195